Daniel Flachsbarth
SeenSüchtig

Der Autor:

Daniel Flachsbarth, geboren 1980 in Pforzheim, wuchs in Straubenhardt auf.
Schon als Kind und Jugendlicher ist er mit seinen Eltern zu den Seen der
Rheinebene gefahren. Spätestens seit dem Erwerb des Führerscheins ist Flachsbarth
regelmäßiger Baggerseegänger. Aus dieser Zeit stammt der Wunsch, eine Übersicht
über die Seen in der Region zu schaffen. Im Jahr 2013 erschien dann die erste
Auflage des Badeseenführers »SeenSüchtig«. Der verheiratete Familienvater lebt in
Straubenhardt bei Karlsruhe.

Bildnachweis: Alle Abbildungen und Karten stammen vom Autor.

1. Auflage 2017

© 2017 by Silberburg-Verlag GmbH,
Schönbuchstraße 48, D-72074 Tübingen.
Alle Rechte vorbehalten.

Umschlaggestaltung: Björn Locke, Nürtingen.
Gestaltung und Satz: Kohler Media, Karlsruhe.
Druck: Gulde-Druck, Tübingen.
Printed in Germany.

ISBN 978-3-8425-2022-6

Besuchen Sie uns im Internet und entdecken Sie
die Vielfalt unseres Verlagsprogramms:
www.silberburg.de

Ihre Meinung ist wichtig ...

... für unsere Verlagsarbeit. Wir freuen
uns auf Kritik und Anregungen unter:

www.silberburg.de/Meinung

Daniel Flachsbarth

SeenSüchtig

Der Bade- und Baggerseenführer für
die Region Mannheim – Heidelberg –
Ludwigshafen – Speyer – Worms –
Bensheim – Philippsburg – Bad Schönborn

MEHR HITS VON HEUTE!

MEIN LIEBLINGSMIX!

REGENBOGEN ZWEI

MAXIMUM ROCK´N POP

UKW 102,1 • 106,1 • 107,1 • 107,7

Inhalt

Region Süd

Region Nord

Immer heiter durch den Sommer!

Mit der BKK Pfalz an Ihrer Seite.

Service-Telefon: 0800/133 33 00
www.bkkpfalz.de, info@bkkpfalz.de
www.facebook.com/bkkpfalz

Vorwort

Hallo SeenSüchtige!

Seit vier Jahren stellen wir euch in unserem kleinen Bade- und Baggerseenführer die Seen der Region vor. So machen wir euch mit Bildern, Karten und Beschreibungen das Entdecken neuer Lieblingsseen schmackhaft und entfachen die »SeenSucht«.

Im Jahr 2016 haben wir mit dem Silberburg-Verlag einen erfahrenen Partner gewonnen, mit dem wir auch schon die Ausgabe für Karlsruhe und Umgebung veröffentlicht haben. Denn, und das kennen sicher viele von euch selbst, mir bleibt als berufstätiger Papa für ein Projekt wie SeenSüchtig manchmal nicht die Zeit, die es verdient hätte.

Neu ist auch, dass wir gegenüber der letzten Ausgabe Mannheim/Ludwigshafen/Heidelberg 2014/2015 wieder »kleiner« werden. Mit einer separaten Ausgabe für die Region Kurpfalz mit 50 Seen werden wir wieder lokaler, nachdem das letzte Buch auch den Großraum Karlsruhe umfasste.

Von der Region Hockenheim/Speyer im Süden bis zur Region Worms/Bensheim im Norden haben wir in der vorliegenden Ausgabe viele Informationen zusammengetragen. Sollten diese trotz sorgfältiger Recherche einmal nicht mehr aktuell sein, so freuen wir uns auf den Dialog auf unserer Webseite http://seensuechtig.de! Ein herzliches Dankeschön daher an alle, die SeenSüchtig bisher mit Hinweisen und Kommentaren bereichert haben.

An dieser Stelle möchte ich mich zudem bei allen Unterstützern bedanken, ohne die so ein Projekt nicht möglich wäre. Hierzu zählen alle unsere Werbepartner, mein Mitarbeiter Julian Büttner, Marcel Kirchenbauer (Web-Design) und vor allem meine Frau Lea.

Wir hoffen, dass ihr dank unseres kleinen Begleiters zu jeder Gelegenheit ein schönes Plätzchen am See findet und einen tollen Sommer haben werdet!

Viel Spaß mit SeenSüchtig!

Die Kurpfalz
SYMPATHISCHE VIELFALT!

Die Kurpfalz – sympathische Vielfalt!
Touristikgemeinschaft Kurpfalz e.V.

 www.facebook.com/Kurpfalz

Rhein-Neckar-Kreis

www.deinefreizeit.com

**Deine Freizeit.
Unsere Heimat.**

Die Ausflüge zu den Badeseen lassen sich herrlich mit einer schönen Radtour verbinden. Touren mit Höhenprofilen, GPX Tracks, handliche Flyer und Kartenmaterial (1:25.000) finden Sie auf www.deinefreizeit.com.

Baderegeln

- Haltet euch an die Badezonen und badet nicht mit vollem oder ganz leerem Magen!
- Kühlt euch ab, ehe ihr ins Wasser stürmt. Verlasst das Wasser, wenn ihr friert!
- Geht als Nichtschwimmer nur bis zur Brust ins Wasser und überschätzt euch auch als Schwimmer nicht!
- Springt nur ins Wasser, wenn ihr sicher seid, dass es an der Stelle tief genug ist!
- Verlasst bei Gewittern das Wasser und sucht Schutz!
- Luftmatratzen, Gummitiere etc. können in Seen gefährliche Spielzeuge sein!
- Nehmt Rücksicht auf andere Schwimmer, besonders auf Kinder und ältere Menschen!
- Beachtet immer auch die Warnhinweise vor Ort!
- Beachtet Schutzzonen und schont die Ufervegetation sowie Rückzugsareale für Wildtiere.
- Füttert keine Wasservögel und keine Fische!
- Meidet zu intensive Sonnenbäder und cremt euch ein!
- Benutzt den See nicht als Toilette, sonst gelangen Nährstoffe und Keime ins Wasser.
- Werft keinen Müll ins Wasser oder ans Ufer! Werft auch sonst nichts ins Wasser wie zum Beispiel lose Äste!
- Absturzgefahr von Sand- und Steinwänden bei Baggerseen. Darum immer die Badezonen beachten!
- Der Übergang von warmer zu kälterer Schicht ist oft plötzlich. Vorsicht beim Tauchen im freien Gewässer!
- An Baggerseen befinden sich oft Maschinen – Vorsicht beim Springen, Schwimmen und Planschen!
- Das plötzlich steil abfallende Ufer kann Badende überraschen. Besonders bei Kindern und Nichtschwimmern darauf achten!
  (Quellen: www.dlrg.de, www.lubw.baden-wuerttemberg.de, www.badegewaesser.rlp.de)

Legende See-Piktogramme

i

Jeder See wird durch diese Piktogramme näher beschrieben.

So habt ihr einen schnellen Überblick über das, was euch an diesem See erwartet. Oder eben auch nicht.

Auf dieser Seite werden die Piktogramme erläutert.
Steht nach dem Piktogramm »–«, dann erfüllt der See die Eigenschaft nicht.

 Ist Baden am See erlaubt? Und wenn ja, wann ist Badesaison und zu welchen Öffnungszeiten?

 Wo kann ich parken, was kostet es und wie viele Parkplätze gibt es?

 Kostet der See Eintritt, und wenn ja, wie viel?

 Gibt es Toiletten? Und wenn ja, welcher Art?

 Gibt es Duschen? Und wenn ja, welcher Art?

 Gibt es Umkleidekabinen? Und wenn ja, welcher Art?

 Gibt es Verpflegung am See? Und wenn ja, bei was für einem Anbieter?

 Ist der See beaufsichtigt? Und wenn ja, wann und durch wen?

 Gibt es Schattenplätze? Und wenn ja, wie viele und wo?

 Ist Tauchen erlaubt? Und wenn ja, was gibt es zu beachten?

 Ist Grillen erlaubt? Und wenn ja, wo und auf welche Weise?

 Ist Campen am See erlaubt? Oder gibt es einen Campingplatz?

 Welche Sport- / Freizeitmöglichkeiten sind am See vorhanden?

 Sind Hunde am See gestattet? Und wenn ja, was gibt es zu beachten?

Rechtliches

Baggerseen können Betriebs- oder Privatgelände sein. Dann werden oft »Betreten verboten«-Schilder aufgestellt, um der Verkehrssicherungspflicht Genüge zu tun. Ob das Baden oder gar nur das Betreten des Geländes gestattet ist, liegt nur am Besitzer. Bitte hier immer informieren!

Gemeingebrauch (u. a. Baden und Tauchen, Fahren kleiner Boote ohne Motor) ist nach § 20 des Wassergesetzes (WG) von Baden-Württemberg grundsätzlich erlaubt. Er kann jedoch nach § 21 (2) mit Begründung durch Rechtsverordnungen eingeschränkt werden. Dies ist die Grundlage für die meisten Rechtsverordnungen. Diese regeln dann, was man darf und was nicht. Ist jedoch Tauchen oder Baden nicht explizit verboten, so ist es erlaubt. Als Beispiel: Die Stadt Karlsruhe hat seit 1979 in der »Rechtsverordnung der Stadt Karlsruhe über das Baden« das Tauchen und Baden an Seen auf ihrer Gemarkung verboten.

In Rheinland-Pfalz ist dies ähnlich geregelt. Hier muss jedoch der Gemeingebrauch nach § 36 Landeswassergesetz (LWG) nicht untersagt werden, er muss an Baggerseen (künstliche Gewässer) explizit erlaubt werden, da er nur an natürlich entstandenen Seen gestattet ist.

Auch in Hessen ist der Gemeingebrauch wie in Rheinland-Pfalz geregelt. Es muss der Gemeingebrauch nach § 19 (1) HWG nicht untersagt werden, er muss an Baggerseen (künstliche Gewässer) explizit erlaubt werden, da er nur an natürlichen fließenden Gewässern gestattet ist.

Deshalb bitte immer vor Ort informieren! Meist stehen Schilder an den Seen, die örtliche Verordnungen enthalten. Im Zweifel sollte man sich zurückhalten.

Dieser Seenführer wurde gründlich nach aktueller Gesetzeslage recherchiert. Trotzdem ist er nur ein Leitfaden. Er nimmt dem Seen-Gast nicht ab, sich selbst zu informieren, ob seine Handlungen zulässig sind.

Deutsche Küche
Mittagstisch
eranstaltungen
Familienfeste
Catering

Deutsche Küche

Mandy Kolberg &
Thomas Dufke
📞 06221 / 72 52 64 5
✉ restaurant@dufke.eu
🏠 www.restaurant-dufke.de
f www.facebook.com/
   restaurantdufke
📍 Odenwaldstraße 39
   69124 HD - Kirchheim

TAUCHSCHULE
ALEXANDER FRITZENSCHAFT
froschmann
www.froschmann.net
Die individuelle Tauchschule
in der Wohlfühlstadt Speyer

Übersichtskarte Süd

Philippsee
Äußeres Fischwasser
Kronau
Bad Schönborn

1

 Baden auf eigene Gefahr, 01.05. bis 30.09., bei gutem Wetter 9–21 Uhr (bei wechselhaftem Wetter von 10–12 und 17.30–19 Uhr)

 Ab 01.06. DLRG an Wochenenden

 Kostenlos

 Vorhanden, begrenzte Anzahl

 Erwachsene € 2,80, Schüler/Studenten € 2,30, Kinder 7–15 Jahre € 1,80. (Ab 17 Uhr Erwachsene € 2,30, Schüler € 1,80 und Kinder € 1,30)

 Erlaubt, im Bereich des Tauchvereins Blu Divers Bad Schönborn, € 5,– Gebühr, Flaschenfüllstation vorhanden, Tel. 0 62 22/30 46 80; Mobil 01 72/6 82 82 76

 Befestigte Toiletten m/w, barrierefrei

 Verboten

 Außenduschen

 Verboten

 Vorhanden

 Beachvolleyballfelder, Surfen (beim Surf Club), Paddeln, Schwimminsel, Steg, Spielplatz, Tischtennis, Mühletische

 Imbiss mit schöner, großer und beschatteter Terrasse

 Verboten

Äußeres Fischwasser Bad Schönborn ①

➜ Holzmüllerrichtweg 1, 76669 Bad Schönborn (49°12'08.2"N; 8°37'36.4"E)

Ⓗ S3, Bad Schönborn Süd, 1 Kilometer // Bus 131–133, Bad Schönborn Süd, 1 Kilometer

– *Sehr schöner und breiter Sandstrand*
– *Grüne, hügelige Liegewiese*
– *Abgegrenzter Nichtschwimmerbereich*
– *Sehr sauber und in gepflegtem Zustand*

Hier erwartet dich ein riesiger Sandstrand, der flach ins türkisfarbene Wasser abfällt. Baden kann man die meiste Zeit des Jahres auf eigene Gefahr, ab dem 1. Juli wacht die DLRG am Wochenende.

Die Anlage ist bemerkenswert gepflegt und durch leichte Hügel natürlich aufgeteilt. Die Gastronomie liegt erhöht mit Blick über den See und bietet sehr schöne Sitzgelegenheiten.

Durch den sanften Einstieg ins Wasser und saubere, barrierefreie und befestigte Toiletten bietet das Äußere Fischwasser (auch Philippsee) auch für Rollstuhlfahrer und Eltern, die den See mit Kinderwagen besuchen wollen, ein richtig schönes und zweckmäßiges Ambiente. Trotz der guten Infrastruktur hat man hier aber dennoch das volle Badesee-Feeling.

Hinter der tollen Anlage steht ein äußerst engagierter und freundlicher Chef. Dank ihm kann man hier angenehme Tage erleben. Vorsicht: Die Einfahrt ist leicht zu verpassen, sie ist direkt am Abzweig nach Bad Langenbrücken.

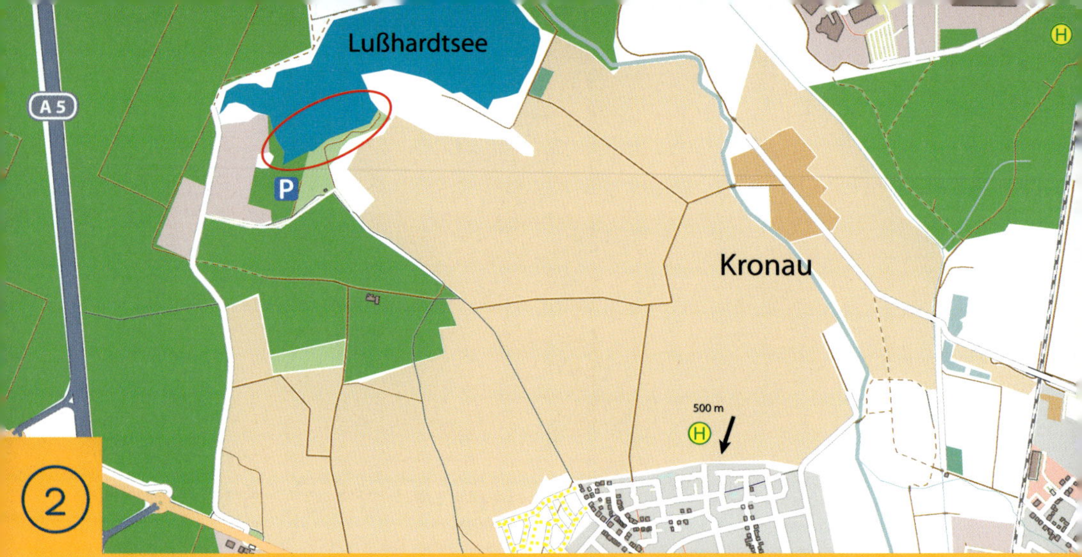

Lußhardtsee

Kronau

500 m

②

 Baden auf eigene Gefahr, 01.05.–30.09., bei gutem Wetter 10–20 Uhr (bei wechselhaftem Wetter von 17.30–19 Uhr), Tel. 01 76/40 01 83 88

 Kostenlos

 Erwachsene € 2,80, Schüler und Studenten € 2,30, Kinder 7 bis 15 Jahre € 1,80 (Ab 17 Uhr reduzierte Preise)

 Befestigte Toiletten m/w, barrierefrei

 Außenduschen

 Vorhanden

 Imbiss mit schöner und beschatteter Terrasse

 Ab 01.06. DLRG an Wochenenden

 Vorhanden, ausreichend

 Erlaubt über Tauchverein Seahorse, Tel. 0 72 53/9 59 08 20, www.seahorse-tauchshop.de, Winterpause Dezember bis April

 Erlaubt am Grillplatz

 Grundsätzlich verboten, jedoch Ausnahmen für Firmen und Vereine. Es können auch Holzhütten gemietet werden.

 Beachvolleyball, Basketballkorb, Spielplatz, Tischminigolf-Anlage, Schwimminsel, Surfbrettverleih

 Verboten

Lußhardtsee Kronau ②

➜ S3, Bad Schönborn-Kronau oder Rot-Malsch Bahnhof, 2,5 Kilometer // Bus 131, 133, 193 Kronau Raiffeisen, 2 Kilometer

Ⓗ Zum Lußhardtsee 1, 76709 Kronau (49°14'11.4"N; 8°36'53.9"E)

– *Weitläufiges Gelände mit gemäßigtem Besucheraufkommen*
– *Durch Kiesabbau sehr klares Wasser*
– *Sehr gepflegte Anlage und sehr nette, zuvorkommende Pächter*

Zum Baden gut geeignet – so wurde das Badegewässer Lußhardtsee Kronau erst vor kurzem eingestuft. Es handelt sich um eine kleine, sehr hübsche Anlage. Sie wird mit viel Liebe gepflegt und in Stand gehalten. Vor allem die schönen Sitzplätze am Imbiss mit Blick über den See sind ein willkommener Treffpunkt für alle See-Besucher. Selbst im Hochsommer kann man hier noch ein ruhiges Eckchen in einer der Sandbuchten erhaschen, da häufig nicht gar so viel los ist. Das traute Badeseefeeling wir dadurch aufgewertet, dass die Anlage von sehr netten

Pächtern betrieben wird. Die Infrastruktur eines kleinen Freibades ist also durchaus vorhanden, allerdings ist zu erwähnen, dass der Sanitärbereich schon etwas älter ist.

Ein Highlight für die ganze Familie ist sicherlich der Tisch-Minigolfplatz auf der Anlage.

Dieser See gehört in jedem Fall zu den Zielen, die ein SeenSüchtiger einmal ansteuern sollte.

Freyersee

Philippsburg

3

 Mitte Mai bis Mitte/Ende September (wetterabhängig); Geöffnet 9–20 Uhr

 Vorhanden

 Kostenlos, großer Parkplatz

 Vorhanden, zahlreich

 Camping-Besucher: Erwachsene € 3,–, Kinder/ Jugendlich € 2,–; Freibad: Erw. € 3,–, Kinder € 1,50

 Mit Tauchschein 16.04.–14.12., Fr.–So. und Feiertage mit Tageskarte für € 5,– (www.manta-divers.net), max. 10 Tauche

 Top-Sanitärbereich mit Wickeltisch, Fön, Toilet-Seat-Cleaner

 Verboten

 Vorhanden, zahlreich, warm € 0,50

 Campingplatz am See

 Vorhanden, zahlreich

 Surfen, Tischtennis, Schwimminsel, Planschbecken, Spielplatz, Sprungtürme, Fitnessstudio, Bolzplatz, »Klabauterland«, Beachvolleyball

 Restaurant Seehof

 Verboten

→ Tullastraße 7, 76661 Philippsburg
(49°14'29.0"N; 8°27'35.4"E)

Ⓗ S33 und R92, Philippsburg, 1 Kilometer //
Bus 127, 192, 193, Philippsburg, 0,2 Kilometer

– *Interessanterweise ist laut Anwohnern an
diesem See durch die Nähe zum Kernkraft-
werk immer gutes Wetter*
– *Sehr schmaler Sandstrand*
– *Betonierter Einstieg am Wassersteg*
– *Herrlich grüne Liegewiese, sehr gepflegt*

Aus Richtung Waghäusel/Oberhausen kommend, fährt man gleich nach dem Kreisverkehr rechts der Beschilderung folgend zum Ernst-Freyer-Bad.

Das Bad ist eine Mischung aus Freibad und Naturbad. Nur hier und am benachbarten Campinggelände mit separatem Eingang darf im Freyersee gebadet werden. Es gibt ein Schwimmbecken und einen Kinderpool. Der Zugang zum See ist mit Stegen und Sprungbrettern schön gestaltet. Von den Stegen hat man einen herrlichen Blick auf den gesamten Freyersee.

Der Campingplatz hat seinen eigenen Badestrand auf dem Gelände. Das Bad bietet die komplette Infrastruktur eines Freibades mit zahlreichen Sportmöglichkeiten.

Etwas speziell ist die Nähe zum Kernkraftwerk. Dies sorgt allerdings für Wolkenauflösung, wodurch überdurchschnittlich oft gutes Wetter am See herrscht. Für manche ungewohnt, aber weder störend noch gefährlich. Insgesamt ein wirklich tolles Bad.

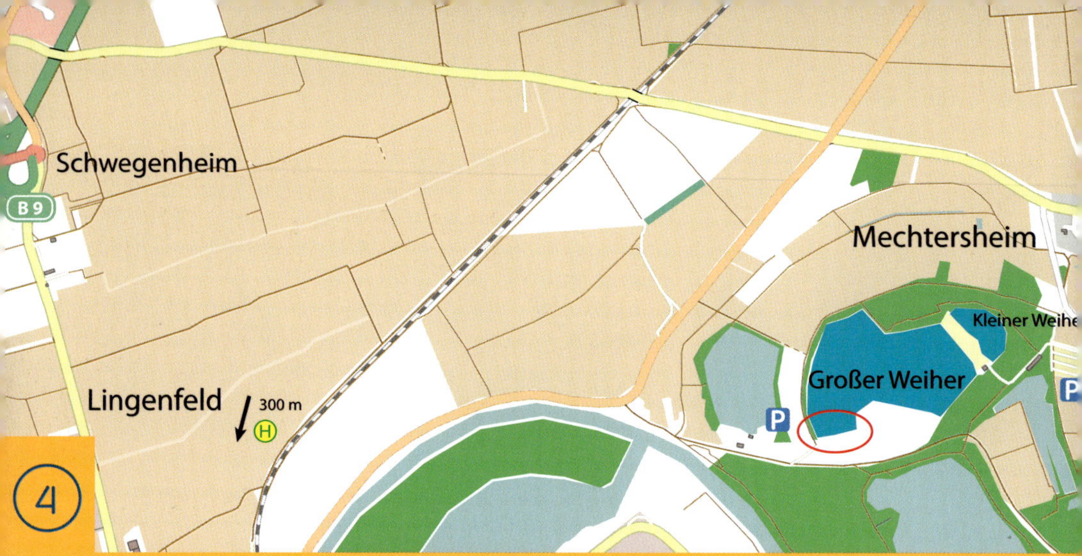

Schwegenheim

B 9

Mechtersheim

Kleiner Weiher

Lingenfeld   300 m   Großer Weiher

H

P

P

4

 April bis September, Baden und Benutzung des Erholungsgebiets auf eigene Gefahr für Lingenfelder und Lingenfelder Urlaubsgäste

 Vorhanden, während Saison an wöchentlichen Hauptbesuchstagen

 Kostenlos

 Vorhanden, zahlreich

 Kostenlos

 Genehmigungspflichtig

 Am Campingplatz

 Verboten

 Am Campingplatz

 Campingplatz für Dauercamper (Warteliste bei der Gemeinde) und Tagesgäste 0 63 44/509-177 oder -233

 Am Campingplatz

 (Segeln und Surfen verboten) Tischtennis, Schwimminsel

 Kiosk am See und Gaststätte

 Badeverbot für Hunde, Leinen- und Genehmigungspflicht

Großer Weiher Lingenfeld ④

➜ Bei Brünnelberg 1, 67360 Lingenfeld (ab Richtung Baggersee) (49°15'26.2"N; 8°22'44.6"E)

Ⓗ S1, S3, S4, RB, Lingenfeld, 2,5 Kilometer // Bus 590 und 599, Lingenfeld, 2,5 Kilometer // Bus 568, Mechtersheim Lindenplatz, 2,2 Kilometer // Bus 572, Mechtersheim Kirche, 1,5 Kilometer

– *Kiesstrand mit klarem Wasser und schönem Ausblick*
– *Etwas ruhiger, da die meisten Badegäste zum kleinen Weiher gehen*
– *Der Sandstrand ist direkt am Campingplatz gelegen*

Das Strandbad im Südwesten des Großen Weihers gehört zu Lingenfeld. Es ist wie manch kleineres Bad eher zur Naherholung für die einheimische Bevölkerung gedacht. Positiv ist zu erwähnen, dass der Badegast komplett für lau parkt und badet.

Man findet hier das Nötigste an dem einen, nicht allzu großen Kiesstrand vor. Mit Toiletten, einem Kiosk und Schattenplätzen hat man fast alles, was man benötigt.

Darüber hinaus gibt es schon aufgrund der Platzverhältnisse keine Sportmöglichkeiten außer Tischtennis.

Der Kiosk ist ebenfalls nicht allzu groß, bietet aber einige beschattete Sitzplätze, um ein Eis zu genießen oder ein Feierabendbier zu trinken. In direkter Nachbarschaft liegt zudem ein Campingplatz.

Insgesamt ist dieses Bad nicht das Highlight in der Region. Den einheimischen und auch zahlreichen jugendlichen Besuchern reicht es aber für eine sommerliche Abkühlung völlig aus.

Mechtersheim

Kleiner Weiher

⑤

 Erlaubt auf eigene Gefahr

 Vorhanden an Wochenenden

 Kostenlos, kleiner Parkplatz

 Vorhanden, wenige

 Kostenlos

 Verboten

 Befestigt, m/w

 Verboten

 –

 Verboten

 Vorhanden

 (Segeln und Surfen verboten) Tischtennis, Volleyballfeld

 Bar am Badesee (www. sunseebar.de)

 Verboten, Reiten verboten

Kleiner Weiher Mechtersheim ⑤

➜ Am Baggersee, 67354 Römerberg
(49°15'36.6"N; 8°23'07.9"E)

Ⓗ S1, S3, S4, RB, Lingenfeld, 3 Kilometer //
Bus 568, Mechtersheim Lindenplatz,
1,5 Kilometer // Bus 572, Mechtersheim
Kirche, 1,5 Kilometer

– *Der kleine Weiher hat im Sommer schnell
keine gute Wasserqualität mehr. Dies ist
aber zu vernachlässigen, da der Große
Weiher eine sehr gute Qualität besitzt*
– *Sehr wenige Schattenplätze, ein Sonnen-
schirm sollte mitgebracht werden*
– *Gerade am Wochenende sehr gut besucht.
Da nur die Sandzunge als Liegefläche benutzt werden kann, wird es schon mal eng*

Der große Sandstrand an diesem See ist
eine Landzunge, die den Großen Weiher
vom Kleinen Weiher trennt. So kann man
an beiden Seiten der Landzunge baden. Die
Wasserqualität ist an der Seite des Großen
Weihers allerdings besser.

Die Landzunge ist leider relativ schmal
und sonst gibt es nur eine kleine Liegewiese neben der Gastronomie. So wird es
schnell recht eng und Schattenplätze sind
rar. Auch für andere Sportaktivitäten außer
Tischtennis reicht der Platz nicht aus. Ebenso beschränkt ist die weitere Infrastruktur
im Bereich der Toiletten und der Strandbar.

Die Strandbar Sunseebar ist allerdings
hübsch angelegt und lädt auch noch bei
niedrigerem Sonnenstand am Abend zum
Verweilen ein. So kann man an lauen Som-
merabenden noch einen Cocktail mit Blick
auf den See genießen.

Hier kommen Urlaubsgefühle auf.
Und wer an heißen, gut besuchten Tagen
kommt, der sollte einzig seinen Sonnen-
schirm nicht vergessen.

Rheinhausen

Erlichsee

B 36

Oberhausen

H

P

⑥

 Mai bis Juni (Mo.–Fr. 10–19 Uhr und Sa. und So. 9–19 Uhr), Juli bis September täglich 9–19 Uhr

 Bei Badebetrieb (grüne Flagge) Badeaufsicht vorhanden, Wochenende durch DLRG. Bei roter Flagge keine Badeaufsicht

 Kostenlos

 Ausreichend vorhanden

 Erwachsene € 3,– (Zehnerkarte € 24,–), Ermäßigt (7–18 Jahre, Schüler, Studenten, Rentner, Schwerbehinderte) € 1,50 (Zehnerkarte € 12,–)

 Infos über Tel. 01 60/93 16 38 33 oder www.tauchbasis-erlichsee.de

 Befestigte Toiletten im Sanitärgebäude, m/w, barrierefrei

 Nur auf dem Grillplatz, fest installierte Grills vorhanden, eigene erlaubt

 Duschen im Sanitärgebäude m/w, Familiendusche mit Wickeltisch, behindertengerechte Dusche, Strandduschen

 Familienzeltplatz, Gruppenzeltplatz, Tipis

 Im Sanitärgebäude und als Kabinen über das Gelände verteilt

 Beachvolleyball-Felder, Tischtennis, Spielplatz, Pit-Pat, Beach-Soccer-Felder, Wasserrutsche, Segeln (Segelschule Gehrlein)

 Kiosk, Biergarten, Grillplätze und Eiswagen

 Verboten

Erlichsee Oberhausen-Rheinhausen (6)

→ Adlerstr. 74, 68794 Oberhausen
(49°15'49.3"N; 8°29'41.6"E)

(H) RB, Waghäusel, 2 Kilometer // Bus 128
und 194, Oberhausen Kirchplatz, 1,5 Kilometer

– *Sehr klares Wasser und sehr gepflegte Anlage*
– *Schade, dass der Badebereich für Tagesgäste eingegrenzt ist (Betreten des
Campinggeländes, das sich links und
rechts vom Nichtschwimmerbereich befindet, für Tagesgäste verboten)*
– *Große Liegewiese mit ausreichend Bäumen bewachsen*

Das Camping- und Freizeitzentrum Erlichsee umfasst unheimlich viele Angebote für
Familien, Paare, Schulklassen, Taucher, Ang-
ler und junge Leute.

Hier ist für jeden was dabei! Es darf gebadet, gesportelt und gegrillt werden. Das
Gelände ist weitläufig und sehr gepflegt. So
liegt man, trotz hoher Besucherzahl, nicht
wie die Sardinen in der Dose auf der Wiese.
Schulklassen können in Tipi-Zelten campen

und die Pit-Pat-Anlage nutzen. Wer nicht in
der Gastronomie speisen mag, für den ist
am Erlichsee ein großer Grillplatz vorhanden. Fleisch und Salate kann man mit den
kleinen Mietwagen für Gepäck zum Platz
kutschieren.

Nach dem Essen kann man im Spül-
raum das Geschirr abwaschen und zur Not
das ketchup-verschmierte Kind schnell in
der großen Familiendusche abbrausen. So-
lange die Sonne scheint, bleiben hier keine
Wünsche offen.

Altlußheim

P

↑ 500 m Ⓗ

Neulußheim

Blausee

Ⓗ

Ⓗ

B 36

⑦

01.05. bis 30.09.,
9.30–20 Uhr

Vorhanden mit Wachtürmen
und Rettungsboot

Kostenlos

Vorhanden, ausreichend

Erwachsene € 3,30 (ab 17 Uhr
€ 2,20, Zehnerkarte € 28,–),
Ermäßigt (7–17 Jahre) € 2,20 (ab
17 Uhr € 1,10, Zehnerkarte
€ 19,–), Kinder bis 6 Jahre frei

Von 7–9.30 Uhr nach Terminvereinbarung
beim Blausee-Team, Tel. 0 62 05/3 28 88

Befestigte Toiletten m/w,
barrierefrei

Grillplatz mit fest installierten Tischen
und Bänken

Duschhaus, Strandduschen

Verboten

Zahlreich, befestigt und
Kabinen übers Gelände verteilt

Spielplatz, Tischtennis, Boule-
Platz, Nichtschwimmer-Bereich,
Schwimminsel, Beach-Fußball,
Beachvolleyball, Torwand

Großer Kiosk mit beschatteten
Sitzgelegenheiten

Verboten

Blausee Altlußheim ⑦

→ Friedensstraße, 68804 Altlußheim
(49°17'27.1"N; 8°30'09.7"E)

Ⓗ RB, Neulußheim Bahnhof, 2,2 Kilometer //
Bus 717 und 718, Altlußheim Altreut,
0,7 Kilometer

– *Schöne, weitläufige Anlage, mit sehr guter
  Wasserqualität*
– *Sehr gut besucht, die Parkplätze reichen
  an heißen Tagen kaum aus*
– *Vorsicht, die Einfahrt zum Badesee-Park-
  platz verfehlt man auch gerne mal*

An heißen Tagen bekommt man hier manchmal das Freibad-Feeling schon vor der Anlage. Nämlich wenn man an der Kasse anstehen muss. Doch das Warten lohnt sich. Drinnen erwartet einen ein weitläufiges, leicht hügeliges Gelände, welches für jeden Besucher ausreichend Platz parat hält. Der große Badesee punktet mit toller Wasserqualität.

Der Blausee zeichnet sich allerdings auch durch alle positiven Aspekte eines Freibades aus, wie Umkleiden, Duschen, Gastro und Spinde. Für Familienfreundlichkeit ist durch einen abgeteilten Nichtschwimmerbereich mit Bademeister, vielen Picknick-Ecken, Spielplatz und Familienfesten gesorgt. Und auch Mamas und Papas Wohl kommt auf dem Volleyballfeld, bei Filmnächten und dem Jedermann-Triathlon nicht zu kurz.

Ein rundum toller Badesee mit komplettem Freibad-Luxus.

St. Leoner See

St. Leon-Rot

A 6

⑧

01.05.–14.06., 9–20 Uhr, 15.06. bis 31.08., 9–21 Uhr, 01.09.–30.09., 9–20 Uhr

Mitarbeiter oder DLRG mit Rettungsboot

Kostenlos, großer Parkplatz

Vorhanden, ausreichend

Erwachsene € 2,50 (Zehnerkarte € 20,–), ermäßigt (7–17 Jahre, ab 65 Jahre) € 1,50 (Zehnerkarte € 13,50), Kinder bis 6 Jahre frei

€ 2,50 zzgl. Eintritt, Tauchschein und Kompass erforderlich, Ausbildung mit max. 20 Teilnehmern möglich, Infos: Tel. 0 62 27 / 5 90 09

Befestigte Toiletten, m/w, barrierefrei, Babywickelräume

Grillplatz

Duschhaus, Strandduschen, Warmwasser, Stranddüschen, barrierefrei

Großer Campingplatz am See mit Schlafhäusern und Schlafhütten.

Zahlreich, befestigt und Kabinen übers Gelände verteilt

Wasserski-/Wakeboard-Anlage, Surf- und Stand-Up-Paddel-Schule, Spielplätze, Kinderbetreuung, Basketball etc.

Biergarten am Minigolf, Kiosk bei der Wasserskianlage, Micha's Kiosk, alle drei mit schönen Sitzgelegenheiten

Verboten

St. Leoner See St. Leon-Rot ⑧

→ Am St. Leoner See 1, 68789 St. Leon-Rot
(49°16′57.8″N; 8°35′04.6″E)

Ⓗ RB, Neulußheim, 4 Kilometer // Bus 729,
St. Leon-Rot See, 0,2 Kilometer

– *Sehr gut besuchter See, an den Wake-
board-Anlagen sind teils längere Warte-
schlangen, und die Menschenmassen sind
am ganzen See anzutreffen*
– *Gepflegtes und sauberes Gelände*
– *Auch als reiner Badegast ist es interessant,
den Wakeboardern mal zuzuschauen*

Die Camping- und Erholungsanlage St. Leoner See teilt sich in zwei große Bereiche auf. Im einen wird mehr gebadet und gecampt, im anderen sind sportliche Leistungen und Wasserskifahren möglich. Für Letzteres ist extra eine große Wasserskianlage aufgebaut. An warmen Tagen muss man allerdings mit Wartezeit an der Anlage rechnen, und auch die Besucherzahl erhöht sich durch die Wakeboarder mit Anhang. Ein tolles Angebot ist die Kinderbetreuung! So kann auch der Familienvorstand ein paar Runden auf Wasserskis drehen, ohne sich

zu sorgen. Die gesamte Anlage ist gepflegt und Umkleiden sowie Toiletten sind gleichmäßig verteilt.

Saisonal wird am St. Leoner See gefeiert, egal ob Fasching, Maibaumstellen oder Oktoberfest. Aber auch Klubmeisterschaften werden ausgetragen, und einmal im Jahr findet ein ökumenischer Gottesdienst auf der großen Wiese statt. Dieser kleine Ausschnitt an Aktivitäten zeigt, dass der See weit mehr zu bieten hat als die Wakeboard Anlage.

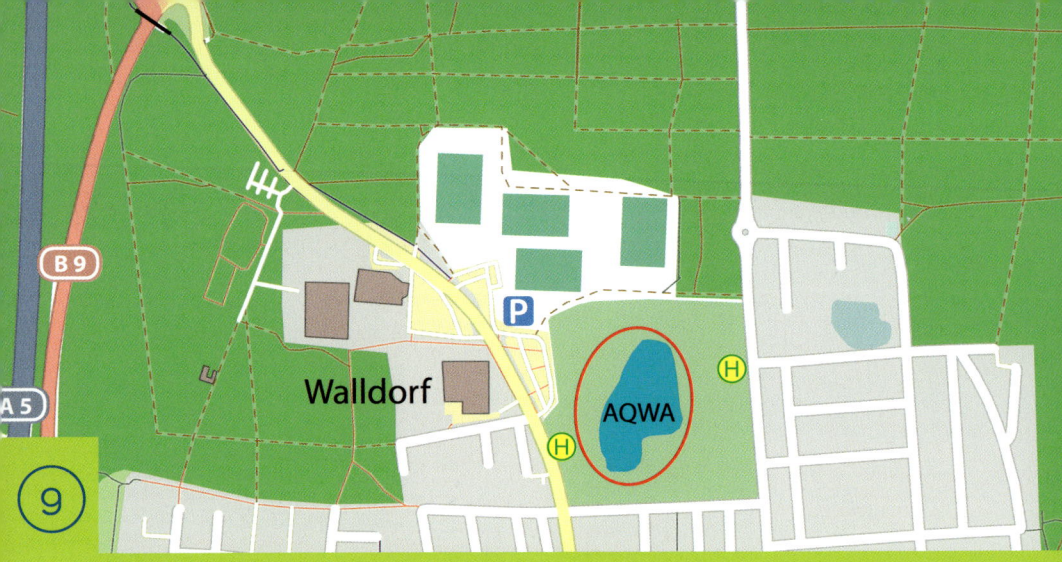

Walldorf

AQWA

9

 Mo.–Fr. 7–21 Uhr, Wochenende und Feiertage 8–20.30 Uhr, bei schönem Wetter ab ca. April bis Oktober

 Vorhanden

 Kostenlos

 Vorhanden, zahlreich, Waldstück als Schatten-Ruhebereich

 Erw. € 4,50 (ab 18 Uhr € 3,–), Erm. € 3,– (ab 18 Uhr € 2,–), Familienkarte € 11,–

 Verboten

 Kompletter Sanitärluxus einer Saunalandschaft, barrierefrei

 Verboten

 Kompletter Sanitärluxus einer Saunalandschaft, Strandduschen

 Verboten

 Vorhanden

 Beachvolleyball, Fußball-Sandarena, Basketball, Tischtennis, Wasserkaskade, Piratenschiff, Spielplatz u. v. m.

 Kiosk am Badesee und Restaurant Mint – dine & bar mit schöner Aussichtsterrasse

 Verboten

➜ Schwetzinger Straße 88, 69190 Walldorf (49°18′46.2″N; 8°38′25.7″E)

Ⓗ S1–4, R7, RE, IC, Wiesloch-Walldorf, 3 Kilometer // Bus 708, 720, 721, Schulzentrum, 0,2 Kilometer

– *Zu wenige Parkplätze für den Besucherandrang, man muss sich einen Parkplatz in der Umgebung suchen*
– *Die Besucher verteilen sich gut auf dem Gelände, auch wenn man an der Kasse schon mal etwas länger anstehen muss*
– *Die Terrassen und die begrünten Steinstufen sind praktisch und fügen sich schön in das Gelände ein*
– *Die bewaldete Liegewiese schafft eine sehr entspannte Atmosphäre*

Das AQWA in Walldorf ist eher ein Center mit See als ein Badesee mit Infrastruktur!

Es handelt sich um ein riesiges Bäderzentrum mit Hallenbad, Sauna, Freibad und natürlich mit See.

Das Gelände ist mit Ruhe- und Waldbereich, mehreren Sportmöglichkeiten, Kinderspielplatz und Familienecken großzügig und ideenreich angelegt. Selbst beschattete Kinderbecken mit Rutsche fehlen nicht.

Besonders schick ist die neu geschaffene Terrassenstruktur rund um den See. Denn die Seenlandschaft wurde unlängst neu gestaltet. So findet der Badegast nun auch zwei Außenbecken vor. Und abends bieten die Terrassen häufig die Gelegenheit, Veranstaltungen auf der Seebühne zu verfolgen.

Wen die nicht ganz günstigen Preise nicht stören, der kann hier alle Vorzüge eines top renovierten Seebades genießen.

Speyer

Steinhäuser-
wühlsee

P

H

10

H

H

H

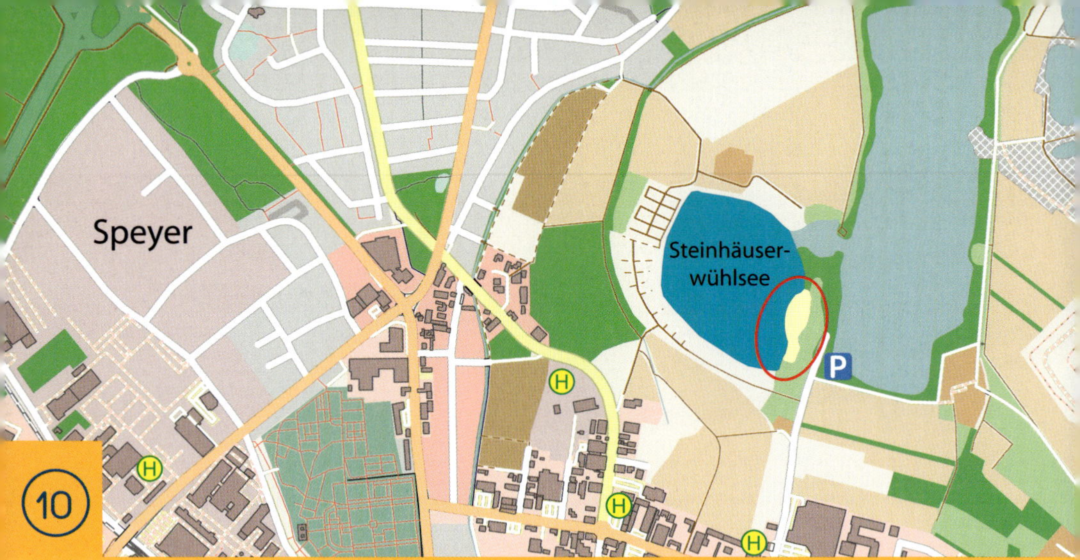

 01.05.–30.09. (Boote 15.03. bis 15.10.), 9–20 Uhr, außerhalb der Saison bei schönem Wetter 12–17 Uhr

 Bademeister

 Kostenlos, ca. 100

 Vorhanden, am See nicht so viele

 Erwachsene € 3,– (Zehnerkarte € 24,–), Kinder von 2 bis 14 Jahren € 2,– (Zehnerkarte € 16,–)

 Verboten

 Container, etwas älter

 Verboten

 –

 Campingplatz nebenan (www.camping-speyer.de)

 –

 Beachvolleyball, Spielplatz

 Kiosk, griechisch-deutsches Restaurant

 Verboten

Steinhäuserwühlsee Speyer ⑩

➔ Am Rübsamenwühl 31, 67346 Speyer
(49°20'18.2"N; 8°26'39.7"E)

Ⓗ S1, S3, S4, RE, Speyer Hbf, 2,5 Kilometer // Bus 564, Auestraße, 0,7 Kilometer // Bus 569, Speyer Hasenpfühlerweide, 0,5 Kilometer

– *Das Badeverbot ist umstritten. Schadstoffrückstände aus früherer benachbarter Industrie sind Stein des Anstoßes*
– *Breiter Sandstrand und schöne Liegewiese mit ausreichendem Baumbewuchs*
– *Der Strand ist in gepflegtem Zustand, die Liegewiese hinkt ein wenig hinterher*

Im Norden Speyers, fast direkt am Rhein, befindet sich der Steinhäuserwühlsee. Das ansässige Strandbad gehört zum Campingplatz nebenan. So besteht das Besucherklientel häufig aus Campern.

Die Stadt Speyer hat auf Grund von Schadstoffbelastung (Vinylchlorid) ein offizielles Badeverbot angeordnet, die Betreiber halten die Messung für falsch und lassen die Besucher weiterhin baden. Kids zahlen hier schon ab zwei Jahren, und der Sanitärbereich ist leider mittlerweile etwas älter, als sich der Badegast das wünschen würde.

Es gibt eine FKK-Ecke und einen tollen, breiten Sandstrand, der flach ins türkisgrüne Wasser fällt. Ob dieser für das betagte Drumherum entschädigt, muss der Badegast selber entscheiden.

Die kleine Liegewiese wird von Juni bis August gepflegt. Ein Kiosk ist am Strandbad vorhanden. Es bietet neben Sitzgelegenheiten von der Bratwurst bis zum Radler alles zu durchaus sehr fairen Preisen an.

 01.06.–31.08.

 Je im Norden und Süden ein großer Parkplatz, PKW € 3,–, Motorrad € 1,50

 –

 Befestigt, m/w, am Kiosk im Norden des Binsfeldsees

 –

 –

 Netter Kiosk/Strandbar im Norden des Binsfeldsees

 Wochenende/Feiertage DLRG

 Ausreichend vorhanden, am Nordstrand etwas weniger

 Erlaubt, 01.06.–14.10. Zweimal im Monat Nachttauchen möglich, anmelden bei: www.binsfeld.xl-network.de, max. 20 Taucher, € 2,50 pro Tag

 Verboten, aber Grillplatz am Binsfeldsee

 Verboten

 Rudern (Kuhuntersee), Surfen (Silbersee), Beachvolleyball

 Leinenpflicht und Badeverbot

Binsfeldsee Speyer ⑪

➜ Otterstadt rechts abbiegen nach Abzweig zu: Binshof 4, 67346 Speyer
(49°21'50.6"N; 8°27'37.7"E)

Ⓗ S3, S4, RB, Speyer Nord-West, 3,5 Kilometer // Bus 572, Otterstadt Kreuz, 1 Kilometer // Bus 564, 565, 572, Speyer-Nord
Ruhhecke, 1,5 Kilometer

– *Verhältnismäßig weiter Weg bis zum Ba-
debereich*
– *Breiter Sandstrand, der leider nicht sonder-
lich gepflegt wird*
– *Am Kuhuntersee trifft man auch einige
FKK-Anhänger*
– *Eine ganze Formation von Seen mit dem
Binsfeldsee als König in der Mitte*

Fast kreisrund formieren sich bei Speyer
acht Seen, die Binsfeldseen, wobei zwei davon schon fast eine Einheit bilden. Die zwei
kleinen Seen, der Sonnen- und der Mond-
see, wurden fast komplett mit Privathäus-
chen bebaut. So ist das Baden an den Seen
erlaubt, doch ein Zugang wäre nur über
Privatbesitz möglich, was natürlich verboten ist. Die anderen Seen hingegen sind für
mehrere unterschiedliche Nutzungen offen. Im Osten darf im Gänsedreck- und Kuhuntersee bei besserer Wasserqualität, als die
Namen vermuten lassen, getaucht werden.
Auf dem Kuhuntersee wird auch gerudert.

Im Zentrum der Seenansammlung
liegt der große Binsfeldsee, der eigentliche
Badesee. Hier darf nach Herzenslust ge-
planscht werden, oder der Badegast kann
sich am Sandstrand erholen. Eine nette
Strandbar ist für die Verköstigung verant-
wortlich oder man versorgt sich an schön
angelegten Grillstellen selbst.

Otterstadt

Angelhofer
Altrhein

Speyer

B 9

A 61

 Baden auf eigene Gefahr

 –

 An den Gastronomien

 –

 –

 Verboten

 An den Gastronomien, befestigt, m/w

 Verboten

 –

 Campingplätze, zum Beispiel www.vcr-reffenthal.de

 –

 Bootfahren, Fahrradfahren

 Diverse vom Kiosk bis zur Gaststätte oder Campingplatz-Kneipe

 Verboten

Angelhofer Altrhein Speyer ⑫

→ Reffenthaler Weg, 67166 Otterstadt (49°22'03.2"N; 8°28'32.7"E)

Ⓗ RE, RB, S1, S3, S4, Speyer Hbf, 7 Kilometer // Bus 572, Otterstadt Kreuz, 2,5 Kilometer

– *Durch Bebauung und Bootsanlegestellen wenige Möglichkeiten, ans Wasser zu kommen*
– *Nicht der typische Badestrand, dafür zahlreiche andere Freizeitmöglichkeiten. Zum Beispiel Camping, Bootfahren, Wandern und Radfahren etc.*
– *Für Bootfahrer ein kleines, wenn auch stark befahrenes Paradies*

Zwischen den Binsfeldseen und dem heutigen Rheinverlauf liegt die Altrheinschleife Angelhofer Altrhein. Diese Wasserlandschaft ist eher ein Ausflugsziel am Wasser, wenn man keine Badeambitionen hat.

Das Baden ist auf eigene Gefahr möglich, die wenigen Badestellen, die es gibt, sind wenig attraktiv und auch die Wasserqualität entspricht nicht immer unbedingt der eines Badegewässers. Dennoch lohnt sich ein Besuch. Die Natur ist überwältigend

schön und der Ausflugsziele gibt es gar viele.

Vor allem wird der See von Seglern, Paddlern, Surfern und Anglern genutzt. Rund um den See führen idyllische Spazier- und Fahrradwege und man kann super in einer der Ausflugsgaststätten sitzen und das bunte Treiben auf dem Wasser beobachten.

Nicht weit entfernt setzt die Fähre nach Brühl über, so dass man hier »grenzübergreifend« eine wunderschöne Region erkunden kann.

Hohwiesensee

Ketsc

 Mai–Sept.: Mo. bis Fr. 14–20 Uhr, Wochenende und Feiertage 10–20 Uhr; Juni bis August: Mo. bis Fr. 10–21 Uhr, Wochenende und Feiertage 9–21 Uhr

 Kostenlos

 Erw. € 1,50 (Saisonkarte € 30,–), Jugendliche von 6 bis 18 Jahre € 1,– (Saisonkarte € 13,50), Kinder unter 6 Jahren frei

 Befestigt, m/w, barrierefrei

 Geflieste Außendusche

 Vorhanden

 Schöner Kiosk mit Sitzgelegenheiten

 Bademeister (bei roter Flagge kurzfristig unbeaufsichtigt)

 Ausreichend vorhanden

 Möglich, verboten am Badestrand

 Verboten

 Verboten

 Schaukel (Paddeln etc. verboten)

 Verboten

Hohwiesensee Ketsch (13)

➔ Am Kraichbach, 68775 Ketsch
(49°21'25.6"N; 8°31'03.4"E)

(H) R2, Oftersheim, 6 Kilometer // Bus 710, 717, 728, Ketsch Bahnhof, 2 Kilometer

- *Schöner kleiner See, der liebevoll gepflegt wird*
- *Für Raucher werden am Eingang Aschenbecher ausgegeben*
- *Bei größerem Besucherandrang (was aufgrund des günstigen Eintritts und der wenigen Seen in unmittelbarer Nähe durchaus vorkommt) ist vor allem der schmale und einzige Wassereinstieg stark beansprucht*
- *Die Liegewiese bietet wiederum ausreichend Platz und man kann dort ungestört Sonne tanken*

Am Hohwiesensee in Ketsch befindet sich ein kleines, aber feines Strandbad. Es bietet zwar nicht den Luxus der großen Zentren in der Region, aber man kann an diesem Badesee in familiärer Atmosphäre entspannen und baden. Und das weiterhin für einen unschlagbar niedrigen Preis von 1,50 Euro für Erwachsene und 1 Euro für Kinder und Jugendliche im Alter von 6 bis 18 Jahren. Da belastet ein Familienausflug den Geldbeutel nicht allzu sehr. Ein durchaus gepflegtes und neues Dusch- und Toilettenhaus wie auch ein kleiner Imbiss sind vorhanden und somit ist für das leibliche Wohl gesorgt.

Der Einstieg ins Wasser ist flach, und obwohl es keinen abgesperrten Nichtschwimmerbereich gibt, ist man als Schwimmer unter professioneller Beobachtung eines Bademeisters. Der See ist am Ufer von privaten Wochenendhäusern gesäumt. So kommt hier ein wenig Urlaubsfeeling auf.

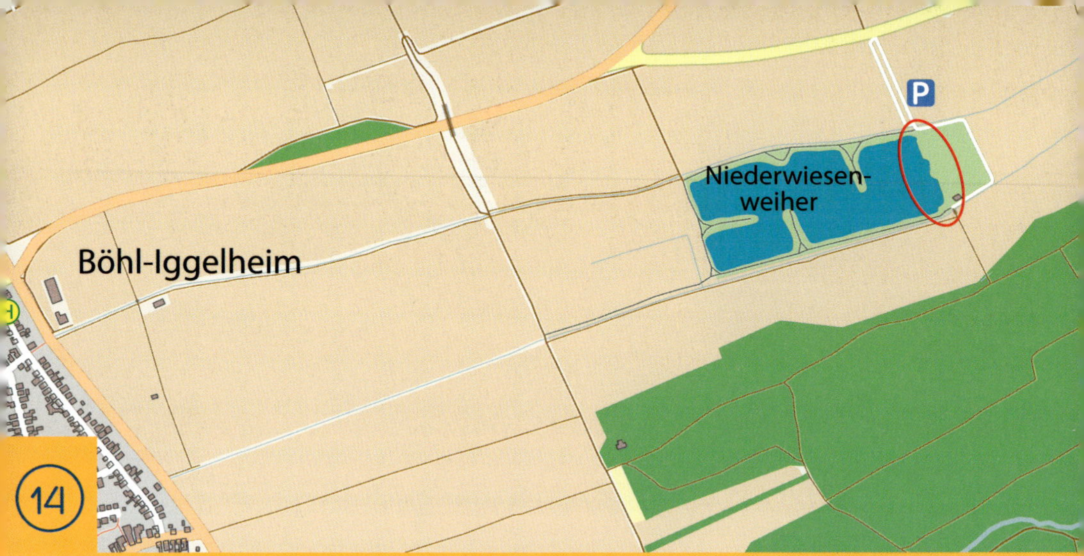

Niederwiesen-
weiher

Böhl-Iggelheim

 Auf eigene Gefahr

 Wochenende und Feiertage
DRK Schifferstadt

 € 2,–

 Vorhanden, ausreichend

 –

 Verboten

 Befestigt, m/w, am Kiosk

 Verboten

 –

 Verboten

 –

 Verboten

 Kiosk und Eiswagen an heißen
Tagen

 Verboten 15.04.–15.10.

Niederwiesenweiher Böhl-Iggelheim (14)

→ Wieselgraben, Böhl-Iggelheim (49°22'31.9"N; 8°20'06.9"E), von Böhl-Iggelheim nach Schifferstadt kurz nach dem Abzweig zur Autobahn rechts abbiegen

(H) S1–S4, RE, Böhl-Iggelheim, 2,5 Kilometer // Bus 586, Iggelheim Eisenbahnstraße, 2 Kilometer // Bus 585, Schifferstadt Stadtbücherei 3 Kilometer

- *Sehr ruhiger See, reger Besucherandrang*
- *Der See wird weitestgehend sich selbst überlassen, dies macht seinen natürlichen Charme aus*
- *Bis auf ein Kiosk und Toiletten keine Infrastruktur*

Starker Pflanzenbewuchs um den Niederwiesenweiher in Böhl-Iggelheim machen ihn zu einem schönen Natursee. Und auch seine Lage etwas abseits der Hauptroute am Rhein macht ihn attraktiv. Allerdings bedeutet dies nicht gleichzeitig, dass man hier alleine liegt. Denn mangels anderer See-Alternativen in der näheren Umgebung ist der See im Sommer stark besucht. Ein Kiosk, der Speis und Trank anbietet, ist vorhanden. Und ein weiteres Highlight: Hier kommt im Sommer noch der Eiswagen, um Kind und Kegel zu verköstigen. Das ist aber leider mit das einzige Angebot, das Kinder wirklich faszinieren könnte. Spiel- und Sportmöglichkeiten gibt es nämlich nicht.

Um den Natursee befindet sich eine Liegewiese und ein schmaler Strandstreifen, zwei (FKK-)Halbinseln und mehrere schöne Buchten zum Entspannen und Sonnen. Der natürliche Charme ist sehr schön, allerdings nicht jedermanns Sache.

Waldsee

Otterstadt

Otterstädter
Altrhein

ferstadt

B 9

15

 Auf eigene Gefahr

 –

 An den Gastronomien

 –

 –

 Verboten

 An den Gastronomien, befestigt, m/w

 Verboten

 –

 Campingplätze

 –

 –

 Diverse vom Kiosk bis zur Gaststätte oder Campingplatz-Kneipe

 Möglich

Otterstädter Altrhein Otterstadt ⑮

➜ Altrheinstraße 1, 67165 Waldsee
(49°23′44.1″N; 8°28′22.7″E)

Ⓗ S1–S4, RE 7, Limburgerhof, 6 Kilometer //
Bus 572, Waldsee Partnerschaftsplatz,
1 Kilometer // Bus 572, Otterstadt
Mannheimer Straße, 1 Kilometer

– *Man kommt kaum in die Nähe des Wassers, da die Bereiche verschiedenen Vereinen gehören*
– *Am westlichsten Teil des Sees gelangt man zwar durch das Unterholz ans Wasser, dieser Teil ist jedoch schwebstoffreiches Naturgewässer*
– *Hier kann sich jeder seinen Lieblingsplatz suchen, klassische Baggersee-Fans sind hier jedoch falsch*

Einen Altrheinarm weiter nördlich als der Angelhofer Altrhein und direkt am Kollersee befindet sich der Otterstädter Altrhein.

Dieser ist von Wald und Feldern umgeben und sicherlich ein schönes Ziel für eine Fahrradtour. Diesen Ausflug kann man auch wunderbar im Frühjahr oder Herbst unternehmen, wenn die Sonne scheint und sich im Gewässer des Altrheins spiegelt, es aber noch nicht zu heiß ist für sportliche Ertüchtigung.

Natürlich kann man die Tour auch im Sommer angehen, doch die Erfrischung im kühlen Nass sollte man sich dann besser am Kollersee holen. Denn auch hier entspricht im Altrheinarm die Wasserbeschaffenheit an vielen Stellen eher einem schwebstoffreichen Naturgewässer.

Ähnlich wie beim Angelhofer Altrhein sind hier überwiegend die Segler zu Hause. Zudem ist ein Teil militärischer Sperrbereich, der im Übungsfall abgeriegelt wird.

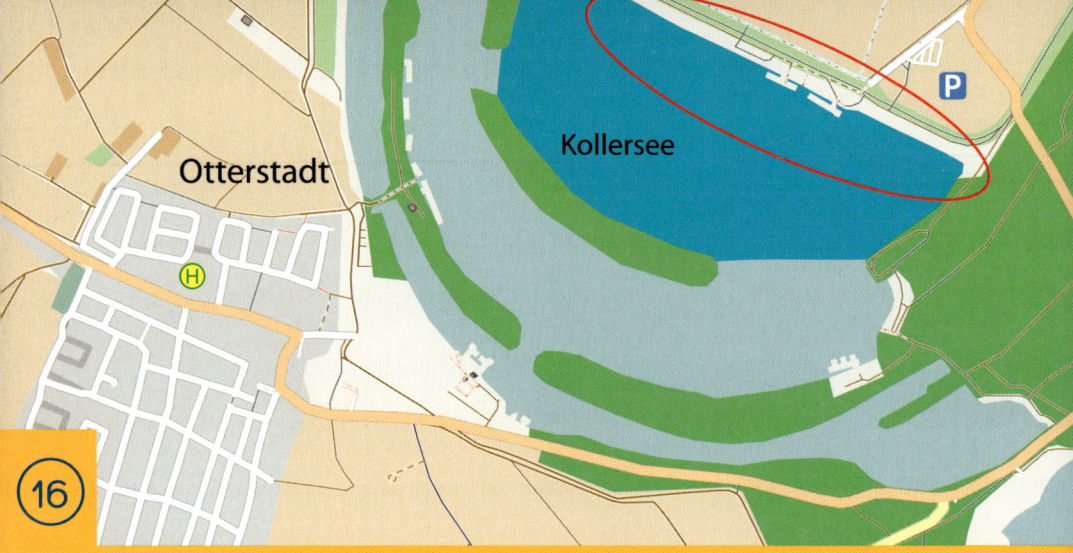

Otterstadt

Ⓗ

Kollersee

P

16

 Baden auf eigene Gefahr

 Kostenlos

 –

 –

 –

 –

 –

 –

 Keine

 Verboten

 Verboten

 Verboten

 Segeln, Surfen

 Verboten im Naturschutzgebiet, das Baden von Hunden ist am Hauptstrand verboten

Kollerinsel Otterstadt (16)

→ Kollerinsel 2, 67166 Otterstadt
(49°22'50.9"N; 8°28'45.1"E)

(H) R2, Schwetzingen, 8,5 Kilometer //
Bus 572, Otterstadt, 4 Kilometer

– *Aktuell wird ein Naherholungsgebiet/
Campingplatz gebaut*
– *www.kollerinsel.eu*
– *Der Strand fällt zum Wasser hin ab, ebenes
Liegen ist also nicht möglich*
– *Der Ausblick auf den Otterstädter Altrhein
und die Segelboote ist lohnenswert*

Nahe am Rhein und an der Rheinfähre direkt am Otterstädter Altrhein befindet sich der Kollersee. Idyllisch ist der Blick über das großzügige Gewässer, wenn man am langen Sandstrand liegt, mit grünen Feldern im Rücken. Auf dem See fahren lautlos Segelboote über das Wasser, denn mehrere Segelklubs sind am See heimisch.

Ganz neu gebaut wird hier gerade ein Freizeit- und Campingzentrum mit Blockhütten, Mobilheimen, Schäferwagen, Tipis und mehr. Zum Teil sind sie zum Anmieten, zum Teil aber auch in Privatbesitz. Man darf gespannt sein, wie sich das Areal entwickelt.

Die Halbinsel am See ist neben der Altstadt von Konstanz einer der beiden linksrheinischen Landesteile Baden-Württembergs.

Kurios hingegen ist der Name der Insel inmitten des Sees: Leberwurstinsel! Die Insel liegt, aus der Vogelperspektive betrachtet, wie eine dicke Wurst im Wasser!

Rheinauer See

Ca. 01.05.–31.10., wetterabhängig (Tel. 06 21/8 93 03 22), Öffnungszeiten für Wasserskianlage: www.wakeboarding-mannheim.de

Bademeister

Kostenlos, ausreichend

Vorhanden

Kinder € 2,–, Erwachsene € 3,–, Vorschulkinder frei

Erlaubt im gekennzeichneten Bereich, Tauchverbot von 15.12.–15.04., max. 10 Taucher, Tauchverbot von Sonnenunter- bis Sonnenaufgang, Nachttauchen auf Anfrage

Befestigt, m/w

Grillhütte zum Mieten (€ 50,–), sonst verboten

Vorhanden

Verboten

Vorhanden

Wasserski (Preise unter www.wakeboarding–mannheim.de), Wasserspiele für Kinder, Schwimminsel etc.

Bistro mit schöner Aussicht und Plätzen auf dem Wasser

Verboten

Rheinauer See Wakeboarding Mannheim (17)

→ Rohrhofer Straße 55, 68219 Mannheim
(49°24'43.6"N; 8°31'47.1"E)

(H) R2, Stadtbahn 1, Mannheim-Rheinau,
1 Kilometer // Bus 710 und 48, Pigagestraße, 0,2 Kilometer

– *Die Jungs verstehen ihr Handwerk und
geben ihr Wissen gerne weiter; sehr sym-
pathische Betreiber*
– *2016 war der Eingang schwer zu finden,
da direkt vor dem Gelände ein Neubauge-
biet entsteht*
– *Neben St. Leon-Rot die zweite Wakeboard-Anlage der Region*

Das Strandbad im Süden des Rheinauer Sees ist vom nördlichen komplett verschieden. Es ist in privatem Besitz und kostet Eintritt.

Dafür erwartet den Gast eine deutlich bessere Wasserqualität. So ist der Badestrand seit dem Jahr 2014 eine eigene EU-Badestelle mit ausgezeichneter Wasserqualität.

Die Besonderheit ist natürlich die Wakeboard-Anlage im See. Die Betreiber sind echte Surfer, was sich auch in der gesamten Atmosphäre der Anlage widerspiegelt. Alles ein wenig improvisiert, aber zweckmäßig und nett.

Für die Kleinen und größeren Kleinen ist mit aufblasbaren Wasserspielen und Handfähren zur Insel der Spaß gesichert. Für die Älteren lädt die Gastronomie zum Sitzen »auf dem Wasser« ein. Somit wird nicht nur der Badetag, sondern auch der Abend zum Bestandteil des Besuchs dieser Anlage.

Insgesamt ein schönes Freizeitbad, das mit seinen Sport- und Freizeitangeboten für alle Altersklassen überzeugen kann.

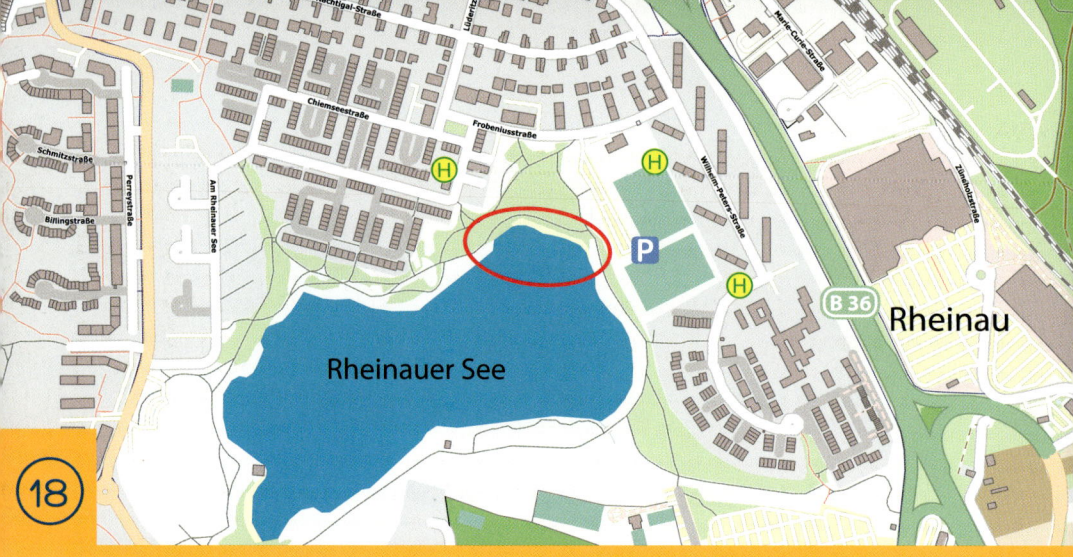

Rheinauer See

Rheinau

B 36

 Baden auf eigene Gefahr im gekennzeichneten Bereich

 —

 Nach StVO im Ort und einige am Sportgelände

 Vorhanden

 Kostenlos

 Erlaubt im gekennzeichneten Bereich, Tauchverbot von 15.12.–15.04., max. 10 Taucher, Tauchverbot von Sonnenunter- bis Sonnenaufgang, Nachttauchen auf Anfrage

 Heruntergekommenes Klohaus im Autobahnparkplatz-Stil, barrierefreies Klo nicht immer geöffnet

 Verboten

 —

 Verboten

 —

 Beachvolleyball, Tischtennis, Spielplatz

 —

Baden verboten

Rheinauer See Stadtstrand Mannheim

→ Frobeniusstraße 1, 68219 Mannheim
   (49°24'59.1"N; 8°32'12.4"E)

(H) R2, Stadtbahn 1, Mannheim-Rheinau,
1 Kilometer // Bus 710 und 48, Frobeniusstraße, 0,1 Kilometer / Bus 710 und 48,
Pigagestraße, 0,5 Kilometer

– *Schönes Gelände, mit ausreichend Platz
   für alle Besucher, dort findet man immer
   ein ungestörtes Plätzchen*
– *Das Gelände hätte mit etwas mehr Pflege
   noch mehr Potenzial*
– *Die Toiletten sind ebenfalls nicht gerade
   ein Aushängeschild*
– *Insgesamt eher Parkcharakter denn Ba-
   deseeflair*

Die Nordhälfte des Rheinauer Sees ist eine Art Stadtbad mit Grünanlage. Diese Anlage könnte ein echtes Highlight mitten in der Stadt Mannheim sein. Denn das Potenzial ist vorhanden. Es gibt verschiedene Sportangebote, und das Gelände selbst ist landschaftlich als Grünanlage angelegt und als Badestelle geeignet. Das Tauchen ist erlaubt und Schwimmen sowie auch Buddeln am Badestrand sind ebenfalls möglich.

Leider kümmert sich die Stadt wohl etwas zu wenig um die Anlage. Dies ist zum Beispiel an den Toiletten und der Wasserqualität erkennbar. Bei Themen wie Müll oder Hunde am Strand fehlt es an einem Nutzungskonzept, das über das Sich-Selbst-Überlassen hinausgeht. Doch das kostet eben Geld. Schade, dass hier nicht mehr getan wird, um den Stadtstrand attraktiver zu halten, und der Erholungsfaktor für die Städter so unterschätzt wird.

![map]

Waldsee

Marx'scher Weiher

(H)

(19)

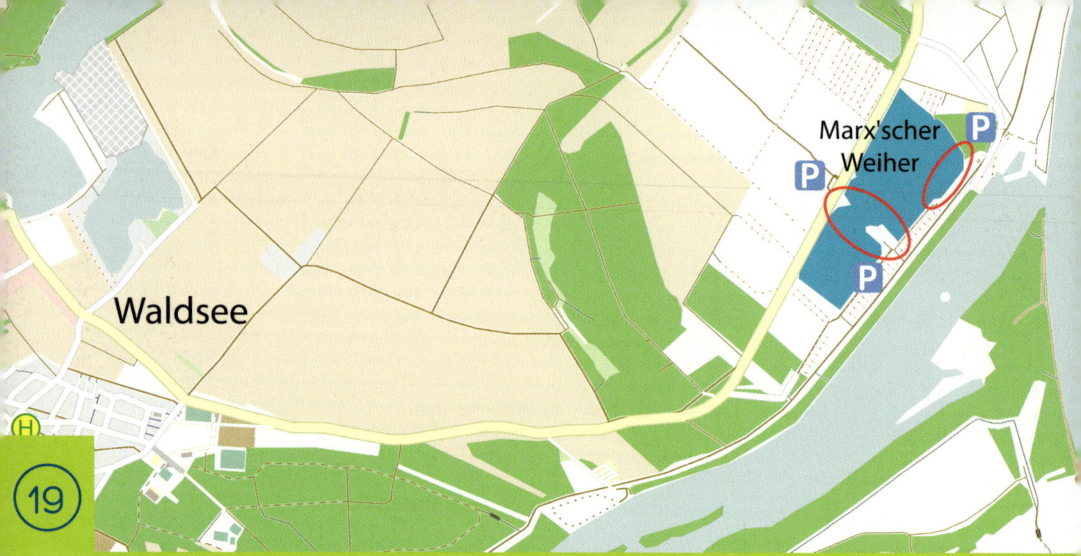

Auf eigene Gefahr, 7–23 Uhr

Wochenende/Feiertage DLRG

Schlecht zu parken, wenige Parkplätze an der Gastronomie oder nach StVO an der Straße

Vorhanden

–

Erlaubt 15.04.–15.09., 9–19 Uhr, Einstieg an Altrheinseite nahe Gastronomie ausgeschildert, Anmelden unter www.lvst.de, E-Mail-Bestätigung ins Auto lege

An der Gastronomie

Verboten

–

Verboten

–

(Paddeln, Segeln, Surfen verboten)

Restaurant am See

Baden verboten

Marx'scher Weiher Altrip

➜ Rheinauenstraße 1, 67165 Waldsee
(49°24'24.2"N; 8°29'27.8"E)

(H) Stadtbahn 1, Mannheim Dannstadter
Straße, 6 Kilometer (mit Fähre) //
Bus 570, 98, Altrip Goethestraße,
2,5 Kilometer // Bus 572, Waldsee Partnerschaftsplatz, 3,5 Kilometer

– *Es gibt nur begrenzt Platz an den Badestellen. Dieser wird schnell belegt, also früh da
sein.*
– *An drei Stellen gibt es die Möglichkeit zum
Baden*
– *Der Weiher liegt direkt am riesigen Naherholungsgebiet Waldsee 1 und 2, das über
3600 Einzelparzellen bereithält.*

Die beiden Badestrände sind am Ost- und
Westufer des Badesees Marx'scher Weiher
zwischen Waldsee und Altrip angesiedelt.
Am Westufer befindet sich der etwas kleinere Badestrand und hier tummeln sich vor
allem die Gäste der Naherholungsanlage
»Auf der Au«, ein riesiges Freizeitdorf im
Schrebergartenstil. Das Ostufer liegt direkt
gegenüber des Altrheins. Der Sandstrand

ist dort etwas länger und der Badegast
kann auch auf der Liegewiese entspannen.
Leider sind beide Seiten entweder durch
die Straße oder einen Fahrweg begrenzt.
So ist dieser Badeweiher eine nette Bademöglichkeit, die aber den Charme eines
»ungestörten« Sees vermissen lässt.

Am See befindet sich ein Restaurant,
doch andere Elemente einer weit gefächerten Infrastruktur sind nicht vorhanden. So
gilt es abzuwägen, was man vom Badetag
erwartet. Empfehlenswert sind die Gastronomien vor Ort.

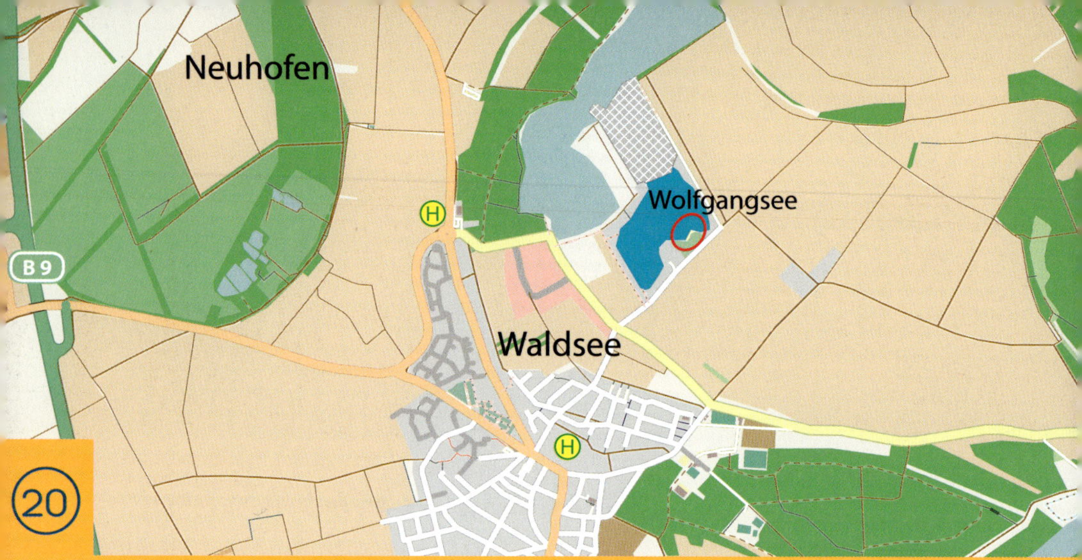

Neuhofen

Wolfgangsee

Waldsee

B 9

 Auf eigene Gefahr bis 22 Uhr

 –

 Zwei barrierefreie Parkplätze am Bad, im Ort nach StVO

 Vorhanden

 –

 Verboten

 Befestigt, m/w und barrierefrei

 Verboten

 Stranddusche

 Verboten

 Vorhanden

 Beachvolleyball, Spielplatz

 Kiosk

 Verboten

Wolfgangsee Waldsee

→ Am Wolfgangsee 329, 67165 Waldsee (49°24'18.1"N; 8°26'58.4"E)

(H) S1–S4, RB, Limburgerhof, 6 Kilometer // Bus 572, Waldsee Partnerschaftsplatz, 1 Kilometer

– *Kleiner Badebereich mit Sandstrand und kleiner Liegewiese*
– *Klares, sauberes Wasser*
– *Weniger Trubel als an der nahegelegenen Schlicht*

Am Wolfgangsee in Waldsee befindet sich das Ortsbad Sonnenwiese. Es handelt sich um ein kleines, fast heimeliges Seebad mit der nötigsten Ausstattung.

So sind Toiletten und Waschbecken vorhanden, die allerdings nicht ganz an einen Sanitärbereich im Schwimmbad heranreichen. Doch man muss zugutehalten, dass die Anlage sehr gepflegt und barrierefrei ist. Unten am See befindet sich auch eine Außendusche, unter der man sich vor und nach dem Baden abbrausen kann.

Besonders empfehlenswert ist das Bad für Familien, da hier nicht ganz so viel los ist und man in Ruhe mal eine Partie Tischtennis oder Beachvolleyball spielen kann. Am Rand der Liegewiese findet man einen Sandstreifen, der flach in den klaren See ausläuft.

Insgesamt wirklich ein gemütliches Bad eher für Einheimische, was man schon an den fehlenden Parkplätzen erkennt.

Neuhofen

Schlicht

Waldsee

21

 Auf eigene Gefahr, 7–23 Uhr

 Wochenende/Feiertage DLRG

 Am Kiosk oder am Parkplatz zwischen Waldsee und Neuhofen € 3,–

 Vorhanden

 –

 Erlaubt 15.04.–15.09., 9–19 Uhr, Einstieg am Westufer ausgeschildert und am Kiosk, anmelden unter www.lvst.de, Emailbestätigung ins Auto legen

 An verschiedenen Stellen befestigt, m/w, barrierefrei

 Verboten

 –

 Verboten

 –

 Beachvolleyball, Tischtennis, Spielplatz, (Paddeln, Segeln, Surfen verboten)

 Kiosk/Strandbar mit Liegestühlen und Cocktails

 Verboten

Schlicht Waldsee-Neuhofen

➡️ 67141 Neuhofen
(49°24'54.1"N; 8°26'56.9"E), von Waldsee
nach Neuhofen zwischen den Kreisver-
kehren rechts auf Parkplatz

Ⓗ Stadtbahn 1, Mannheim Dannstadter
Straße, 6 Kilometer (mit Fähre) //
Bus 572, Waldsee Schlicht, 0,5 Kilometer

– *Weitläufiger Badebereich, viele kleine
Buchten, an denen man die Ruhe genie-
ßen kann*
– *Schöner Kiosk am Strandbereich, der auch
abends zum Verweilen einlädt*
– *Im Dreieck zwischen Altrhein, Pfalz und
Mannheim laden noch weitere Freizeit-
möglichkeiten ein.*

Direkt neben dem Wolfgangsee befindet sich einer der schönsten Seen rund um Speyer: die Schlicht. Hier wird noch aktiv gebaggert und die Wasserqualität ist großartig. Der riesige See bietet dem Badegast viele Facetten – von der kleinen Bucht bis zum Badestrand mit Bar. Das sorgt für eine Menge Besucher an heißen Tagen. Dennoch ist ein Besuch stets lohnenswert. Man kann auf der Liegewiese mit Liegestühlen oder in kleinen Buchten direkt am Wasser die Sonne genießen oder im Bistro Schlicht ein Eis schlecken. Die Gastronomie bietet aber deutlich mehr als die kalte Süßspeise. Am Abend kann man in der schönen Bar bei herrlichem Sonnenuntergang den Badetag ausklingen lassen.

Dieser Badesee ist auch für FKKler ein toller Tipp, denn die Freunde des textilfreien Badens haben sich südlich des Badestrandes ihr Revier gesichert.

Neuhofen

B 9

An der Steinernen Brücke

22

 15.04.–15.10.

 Wochenende/Feiertage DLRG

 Kostenlos, barrierefrei

 Vorhanden

 –

 Verboten

 Befestigt, m/w, gepflegt

 Verboten

 –

 Verboten

 –

 (Paddeln, Segeln, Surfen verboten)

 Kiosk am DLRG, Badeweiherklause

 15.04.–15.10. verboten, sonst Leinenpflicht

An der Steinernen Brücke Neuhofen (22)

➜ Industriestraße 17B, 67141 Neuhofen
(49°25'03.5"N; 8°24'59.5"E)

Ⓗ S1-S4, RB, Limburgerhof, 2,5 Kilometer //
Bus 572, 582, Neuhofen Rehbachstraße,
0,5 Kilometer

– *Kleiner Badesee mit ausreichend Platz für
die meist ortsansässigen Besucher*
– *Kiesstrand an der südwestlichen Seite und
Sandstrand an der nördlichen Seite*
– *Das Gelände ist nicht überdurchschnitt-
lich gepflegt, aber trotzdem sauber*

Direkt an der Ortsgrenze von Neuhofen an
der B9 befindet sich dieser Badeweiher. Der
Ortssee bietet im Kleinen alles, was das Herz
begehrt, um einen tollen und erholsamen
Badenachmittag zu verbringen.

Hier findet man keine große Freizeit-
anlage, aber Sanitärbereich und Kiosk sind
vorhanden. Und das alles für umsonst. Die
Anlage ist gepflegt, und am Wochenende
wacht die DLRG über Groß und Klein. Segeln, Paddeln, Tauchen etc. sind strikt verboten und so handelt es sich um einen reinen
Badesee. Dies ist letztlich auch der Größe
geschuldet. Da der See recht klein ist, hat er
gelegentlich auch mit der Wasserqualität zu
kämpfen. Doch dieses wird angezeigt.

Der Badeweiher in Neuhofen mit einem
schönen Badestrand ist vor allem auch für
Familien mit Kindern geeignet. Ein großes
Lob an die Gemeinde, dass es solche Perlen
unter den Badeseen noch gibt.

Altrip

Jägerweiher

(23)

 Laut Rhein-Pfalz-Kreis als Badesee ausgewiesen, per Schild vom Besitzer verboten, wohl geduldet und aus Haftungsgründen verboten

 PKW € 2,50

 –

 Am Nachbarsee Blaue Adria

 –

 –

 Am Nachbarsee Blaue Adria

 –

 Vorhanden

 01.05.–10.10., Wochenende/Feiertage 9–20 Uhr, sonst 10–21 Uhr, begrenzte Taucherzahl, www.seeanmeldung.lvst.c

 Verboten

 Zeltplatz 01.04–30.09. (Tel. 0 62 36/38 31), Dauercamping

 –

 Verboten

Jägerweiher Altrip (23)

➜ Weiherstr. 1, 67122 Altrip
(49°25'25.7"N; 8°28'00.7"E)

Ⓗ Stadtbahn 6, Rheingönheim, 6 Kilometer // Stadtbahn 1, Mannheim Dannstadter Straße, 6 Kilometer (mit Fähre) // S1–S4, RE, Ludwigshafen-Rheingönheim, 7 Kilometer // Bus 570, Rheingönheim Weißes Häusl, 2 Kilometer

– *Wer mal durchschnaufen möchte, findet hier ein ruhiges Plätzchen*
– *Auch bei Gänsen ist der See immer wieder beliebt*
– *Wenig flache Liegeflächen und etwas steilerer Einstieg*

Dieser Nachbarsee der »Blauen Adria« ist weniger von Besuchern frequentiert und zudem in Privatbesitz. Vom RLP ist der See als Badesee ausgewiesen, doch per Schild wurde das Baden und Tauchen verboten.

Getaucht wird dennoch, da ein Vertrag zwischen dem Besitzer des Sees und dem LVST besteht. Wer hier tauchen gehen will, sollte sich also vorher beim LVST kundig machen. Ansonsten gibt es rund um den See nur sehr kleine Buchten und kurze Sandabschnitte, auf denen man gemütlich liegen kann.

Wer ins kühle Nass springen mag und sich erholsam sonnen möchte, sollte sich vorher kurz informieren, ob er hier willkommen ist. Wer kurz durchschnaufen möchte abseits des Trubels am Nachbarsee Blaue Adria, der dürfte hier gerne geduldet sein. Darauf weisen auch die vorhandenen Abfallkörbe hin.

Trotz allem eine weitere von vielen Alternativen der Region, wenn auch nicht die Spitzenposition auf der Liste der Seen, die man gesehen haben muss.

Blaue
Adria

Altrip

24

 Auf eigene Gefahr, 7–22 Uhr

 Wochenende/Feiertage DLRG

 PKW € 2,50

 Vorhanden (wenige)

 –

 Verboten

 Am Kiosk, befestigt, m/w

 Verboten, am Zeltplatz an den Feuerstellen möglich

 –

 Zeltplatz 01.04.–30.09. (Tel. 0 62 36/38 31), Dauercamping

 –

 Beachvolleyball, Tischtennis, Spielplatz (Paddeln, Surfen und Segeln verboten)

 Schöner Kiosk mit Biergarten

 Verboten

Blaue Adria Altrip ㉔

→ Weiherstr. 1, 67122 Altrip
(49°25'26.1"N; 8°27'55.7"E), durchfahren
bis Parkplatz

Ⓗ Stadtbahn 6, Rheingönheim, 6 Kilometer // Stadtbahn 1, Mannheim Dannstadter Straße, 6 Kilometer (mit Fähre) //
S1–S4, RE, Ludwigshafen-Rheingönheim, 7 Kilometer // Bus 570, Rheingönheim Weißes Häusl, 2 Kilometer

– *Der klangvolle Name allein reizt schon
zum Besuch*
– *Das Gelände wird nicht intensiv gepflegt,
so hängt zum Beispiel am Volleyballfeld
auch kein Netz mehr. Das Areal ist aber
sauber*
– *Je nach Wasserstand am Rhein ist hier
auch schnell geflutet*

Blaue Adria – der Name des Herzstücks im
Naherholungsgebiet bei Altrip verspricht
viel und kann es größtenteils auch halten.
Der See ist der größte des Naherholungsge-
bietes und wird von einem breiten und langen Sandstrand umrahmt. Eine Landzunge
und die von da aus erreichbare Halbinsel,

die Liebesinsel, ragt ins Wasser. Hier sind
auch FKK-Anhänger zu finden. Nahe des
Sees befindet sich der kostenpflichtige
Parkplatz, sodass man seine Schwimm-
utensilien nicht so weit tragen muss.

Du kannst dein Zelt auf dem nahe ge-
legenen Zeltplatz aufbauen, um an der
Blauen Adria zu nächtigen. Wer es luxuriöser
mag: Ein Hotel ist ebenfalls vorhanden, oder
man kann eins der Ferienhäuser mieten.

Beachten sollte man allerdings, dass
Schattenplätze sehr rar sind. Zudem wird
auch die Blaue Adria, wie viele Seen in der
Gegend, vom Rheinhochwasser nicht ver-
schont und so leidet manchmal das klare Ba-
dewasser und ist trüber und aufgewühlter.

Mannheim

Kief'scher Weiher

Altrip

25

 Auf eigene Gefahr

 –

 Wenige an der Landzunge oder am Südostzipfel

 Vorhanden

 –

 Verboten

 An Gastronomie, befestigt, m/w

 Verboten

 –

 Campingplätze

 –

 Surfen, Paddeln, Segeln, Wasserski

 Gaststätte Weißes Häus'l

 Verboten

Kief'scher Weiher Ludwigshafen (25)

➜ Großwiesenstraße 3, 67065 Ludwigshafen am Rhein (49°26'27.1"N; 8°27'55.2"E)

Ⓗ Stadtbahn 6, Rheingönheim, 3,5 Kilometer // S1–S4, RE, Ludwigshafen-Rheingönheim, 4,5 Kilometer // Bus 570, Rheingönheim Weißes Häus'l, 0,1 Kilometer

– *Der See und das Gelände sind sich weitestgehend selbst überlassen*
– *Sehr ruhig, da in der Umgebung viele Alternativen vorhanden sind, die mit mehr Infrastruktur aufwarten*
– *Generell wenige Badegäste, da der See eher als Anlegestelle für Boote dient, die von hier aus den Rhein befahren.*

Der Kief'sche Weiher mit Zugang zum Rhein ist eine ehemalige Tongrube und heute Teil des Landschaftsschutzgebietes »Pfälzische Rheinauen«.

Der See ist sehr groß und wird vor allem von Paddlern, Seglern, Surfern und Anglern genutzt. In das Gewässer ragen deshalb mehrere Bootsanlegestege und an Land sind unterschiedliche Jacht-, Ruder- und Angelvereine zu finden. Am Ufer siedeln sich auch Camper, meist Dauercamper mit längeren Verträgen für ihren Stellplatz, an.

Der Kief'sche Weiher ist ein beliebtes Ausflugsziel. Deshalb ist natürlich auch Gastronomie vorhanden, die für das leibliche Wohl sorgt.

Gebadet werden kann an diesem Natursee nur im Osten und an der Landzunge, die ins Wasser ragt. Die Wasserqualität ist gut, die Beschaffenheit aber die eines Naturgewässers mit Zugang zum Rhein.

Mannheim-Neckarau

Stollenwörth-weiher

Sommermonate 9.30–21 Uhr, Wochenende 9–21 Uhr

Bademeister

Kostenlos, ca. 20 Parkplätze

Vorhanden, zahlreich

Erw. € 2,90 (6er-Karte € 14,50), Schüler/Studenten € 2,– (6er-Karte € 10,–), Kinder 4–13 Jahre € 1,70 (6er-Karte € 8,50)

Erlaubt, separater Ein- und Ausstieg

Befestigt, m/w, barrierefrei

Verboten

Vorhanden, warm, und Stranddurschen

Verboten

Vorhanden, auch auf Gelände verteilt

Verboten

Schöner Biergarten

Tischtennis, Spielplatz, Kinderpool, Wasserball-Tore

Verboten

Freibad Stollenwörthweiher Mannheim (26)

➜ Rheingoldstraße 204, 68199 Mannheim
(49°27'04.3"N; 8°28'21.8"E)

Ⓗ Stadtbahn 3, Stollenwörth, 0,1 Kilometer // Bus 50, Neckarau West,
0,5 Kilometer

– *Auf der östlichen Seite des Bades befinden
sich begrünte Steinstufen, die sich hervor-
ragend zum Sonnenbaden eignen. Hier ist
es auch sehr ruhig, da dieser Bereich nur
durch einen Trampelpfad zu erreichen ist*
– *Eine Treppe mit Geländer führt in den See
und bietet somit allen Gästen einen einfa-
chen Einstieg*
– *Hier schlägt einem die Monnemer Freund-
lichkeit entgegen*

In Mannheim-Neckarau gibt es gleich zwei
Strandbäder: das Heinz-Hunsinger-Bad und
das Sommerbad am Stollenwörthweiher.
Dabei ist das Heinz-Hunsinger-Bad das
kleinere der beiden. Es besitzt einen tollen
Rechteck-Holzsteg, der weit ins Wasser ragt.

Das Bad wird liebevoll vom Schwimm-
verein geführt. Wegen der Kinderpools sind
hier viele Familien zu finden und es geht
etwas ruhiger als beim großen Nachbarbad
zu.

Der Einstieg ins Wasser wird durch
eine Treppe mit Geländer erleichtert. Eine
Besonderheit ist der abgetrennte FKK-Be-
reich. So werden an diesem See wirklich
viele Interessen berücksichtigt. Ein schöner
Biergarten passt zum insgesamt tollen Angebot dieses Stadtbades.

Zusammenfassend muss man sa-
gen, dass die Infrastruktur dieser Perle im
Stadt-Dschungel zwar leicht in die Jahre
gekommen ist, das Angebot allerdings gut
ist und mit Iiebe präsentiert wird.

Mannheim-
Neckarau

P Stollenwörth-
weiher

(27)

 08.05.–15.09., ab 08.05. 10–19 Uhr,
ab 18.05. 10–20 Uhr, ab 15.06.
9–21 Uhr, ab 12.08. 9–20 Uhr,
ab 02.09. 10–19 Uhr

 Bademeister und DLRG an
Wochenenden und Feiertagen

 Kostenlos, ca. 200 Parkplätze

 Vorhanden, weniger zahlreich

 Erw. € 3,– (6er-Karte € 15,–), Erm.
(Kinder 4–18 Jahre, Schüler/
Studenten, Behinderte ab 70%,
Rentner) € 2,– (6er-Karte € 10,–)

 Erlaubt, separater Ein-/Ausstieg

 Befestigt, m/w, barrierefrei

 Verboten

 Vorhanden, warm, und
Strandd5uschen

 Verboten

 Vorhanden, auch auf Gelände
verteilt

 Kinderpool, Tischtennis, Fußball,
Beachvolleyball, Spielplatz

 Restaurant Weiherklause-Barka
und Grillstation

 Verboten

Stollenwörthweiher 2 Mannheim

➜ Promenadenweg 4, 68199 Mannheim
(49°27'11.8"N; 8°28'05.9"E)

(H) Stadtbahn 3, Stollenwörth, 0,1 Kilometer // Bus 50, Neckarau West, 0,5 Kilometer

– *Die begrünten Steinstufen sind eine feine Sache*
– *Große Liegewiese mit ausreichend Platz und Schatten*
– *Treppe mit Geländer ins Wasser*
– *Das größere der beiden Strandbäder kommt etwas »jugendlicher« daher*

Das Sommerbad am Stollenwörthweiher ist das etwas größere der beiden Bäder. Auch hier gibt es einen separaten Kinderpool, Umkleiden und Spinde und ebenfalls den charakteristischen Holzsteg, der ins Wasser ragt.

Im Sommer ist dieses Bad die bevorzugte Anlaufstelle der Jugend und bei heißem Wetter auch richtig voll. Dafür ist die Wasserqualität aber immer noch gut, und am begrünten Steinufer kann man versuchen zu entspannen.

Die Gastronomie bietet im Sommer passend zum Publikum viel Pommes und Wurst. Man findet hier im Vergleich zum kleinen Nachbarn die etwas breiter gefächerten Sportmöglichkeiten und einen neueren Sanitärbereich. Dies zusammen schlägt sich in leicht höheren Eintrittspreisen im Vergleich zum Heinz-Hunsinger-Bad nieder.

Insgesamt ist das Sommerbad am Stollenwörthweiher größer und lauter, aber in jedem Fall eine Empfehlung. Mitten in der Stadt ist solch ein Fleck selten.

Große
Blies

Ludwigshafen

A 650

B 44

B 37

B 44

B 38

 01.05.–30.09., Mo.–Fr. 10–20 Uhr, Wochenende 9–20 Uhr

 Wochenende/Feiertage DLRG, durch Betreiber keine Aufsicht

 Kostenlos, ca. 500 Parkplätze

 Vorhanden

 Erw. € 2,–, Kinder (6–17 Jahre) € 1,–, Saisonkarten auf Anfrage

 Verboten

 Befestigt, m/w, sauber

 Verboten

 Vorhanden, Außenduschen

 Verboten

 Vorhanden

 Tischtennis, Kinderpool, Wasserrutsche, Nichtschwimmerbereich, Spielplatz

 Schöner Kiosk/Biergarten

 Im Strandbad verboten, am See Badeverbot

Große Blies Ludwigshafen (28)

➜ Bliesstraße 136, 67059 Ludwigshafen am Rhein (49°28'31.8"N; 8°24'54.4"E)

Ⓗ Stadtbahn 4, 4X, 9, 10, S1–S4, RB, RE, IC, EC, ICE, Ludwigshafen Hbf, 1,5 Kilometer // Stadtbahn 6, Mundenheim Nord, 1,7 Kilometer // Bus RNV 74, Ludwigshafen Strandbad Blies, 0,1 Kilometer // Bus RNV 75, Mundenheim Friedhof, 0,5 Kilometer

– *Ein kleiner See mit günstigen Eintrittspreisen, lockt viele Besucher an, daher kommt Freibadfeeling auf*
– *An der Ostseite wenig Schatten und ein etwas nerviger Zaun, der nur an zwei Stellen zum Einstieg ins Wasser geöffnet ist*
– *Der Sandstrand an der Nordseite ist schön angelegt und gepflegt*
– *Die Parkplätze reichen leider an warmen Tagen nicht aus*

Mitten in der Stadt, unweit des Hauptbahnhofs Ludwigshafen, liegt dieser schöne See mit dem formidablen Strandbad.

Das Strandbad ist zwar nicht das spektakulärste Freizeitcenter aller Zeiten, doch

es bietet für Badehungrige im Sommer eine ganze Menge. So gibt es ausreichend Platz auf der Liegewiese und zudem ein schönes Stückchen Sandstrand am Einstieg. Dieser wird auch benötigt, denn die zentrale Lage und das Angebot locken im Sommer viele Badegäste an.

Für die Kleinen ist mit Nichtschwimmerbereich und Wasserrutsche bestens gesorgt. Ebenso wie für die Großen am sympathischen Kiosk mit Sitzgelegenheiten. Hier hat man die Kleinen beim Planschen gut im Blick. Selbstverständlich ist an Infrastruktur alles vorhanden, was so ein Strandbad benötigt. Wie zum Beispiel Umkleiden, Wertfächer und Duschen.

Diese gut geführte Anlage ist auf jeden Fall einen Besuch wert.

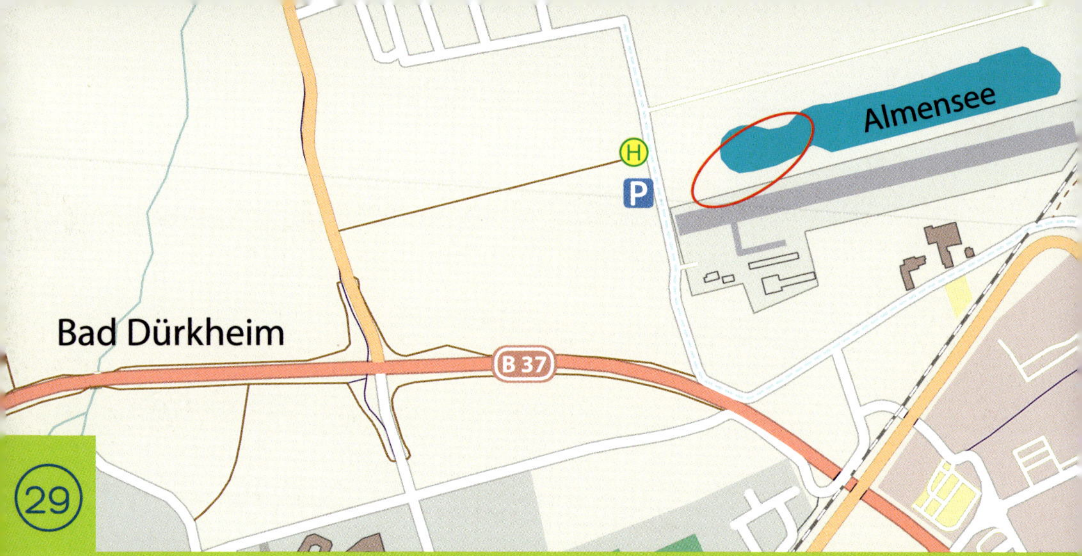

Almensee

Bad Dürkheim

B 37

 Auf eigene Gefahr

 –

 Kostenlos am Campingplatz oder an der Straße nach StVO, nicht allzu viele

 Am See fast keine

 Nichtcamper: Erw. (ab 14 Jahre) € 3,–, Kinder (4–14 Jahre) € 1,50

 Verboten

 Befestigt, m/w, barrierefrei, Wickeltisch

 Am Campingplatz-Grillplatz

 Vorhanden, barrierefrei

 Campingplatz Knaus Campingpark Bad Dürkheim

 Vorhanden, barrierefrei

 Tischtennis, Bolzplatz, Basketball, Spielplatz, Boule, Volleyballfeld, Tennisplatz, Torwand, kleiner Kletterpark »Pfalz aktiv«

 Gaststätte und Campingplatz-Kiosk

Nur für Camper an Leine, nicht auf Liegewiese

Almensee Bad Dürkheim (29)

→ In den Almen 1, 67098 Bad Dürkheim
(49°28'23.8"N; 8°11'29.5"E)

(H) RB, Bad Dürkheim Trift, 1 Kilometer //
Bus 488, Bad Dürkheim Campingplatz,
0,1 Kilometer

- *Kleine Sandstrandabschnitte*
- *Größere Liegewiese, die leider wenig
Schatten bietet*
- *Schön gelegen am Rande des Pfälzer-
waldes*

Der Almensee in Bad Dürkheim ist ein
schmaler, lang gezogener See direkt am
Rande des Pfälzerwaldes, aber er befindet
sich noch in der Ebene. Er liegt mitten im
Weingebiet und ist somit eine Besonderheit im Vergleich zu den vielen klassischen
rheinnahen Baggerseen.

Am Nordufer des Sees reiht sich Wohnmobil an Wohnmobil, und so sind die meisten Badegäste auch Gäste des hiesigen
Campingparks. Wer als Badegast kommt,
muss Eintritt zahlen. Der Strandabschnitt ist
klein und auch der Liegebereich zwischen
den Zelten und dem Wasser könnte gerne

etwas weitläufiger sein. Dennoch hat der
Almensee seinen speziellen Reiz, denn es
ist ein großes Freizeitangebot vorhanden.

Vom Spielplatz über Boule spielen bis
hin zur Weinprobe in der extra für diesen
Zweck erbauten Hütte – hier können Klein
und Groß Kontakte pflegen und mitein-
ander Spaß haben. Und nicht zuletzt der
Ausblick auf den Pfälzerwald und mögliche
Radtouren runden das Ganze ab.

NEU: HEMSBACHER **ALLA HOPP!** GELÄNDE
WEITERE INFORMATIONEN UNTER ALLAHOPP.HEMSBACH.DE

**BESUCHEN SIE UNS AN DER
BLÜHENDEN BADISCHEN BERGSTRASSE**

Bergstraße
HEMSBACH
in Baden ganz oben

HEMSBACH IN BADEN GANZ OBEN
WWW.HEMSBACH.DE

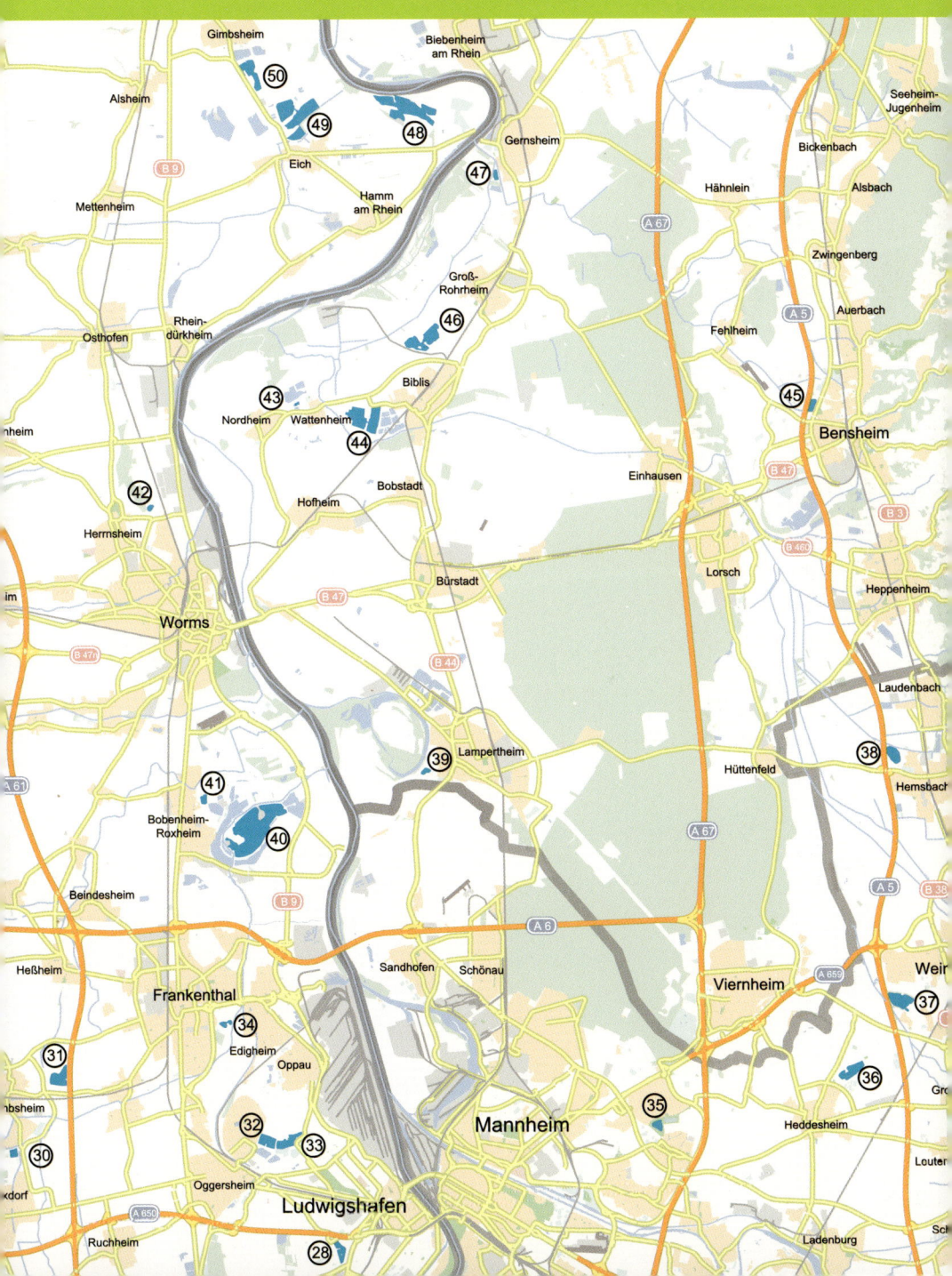

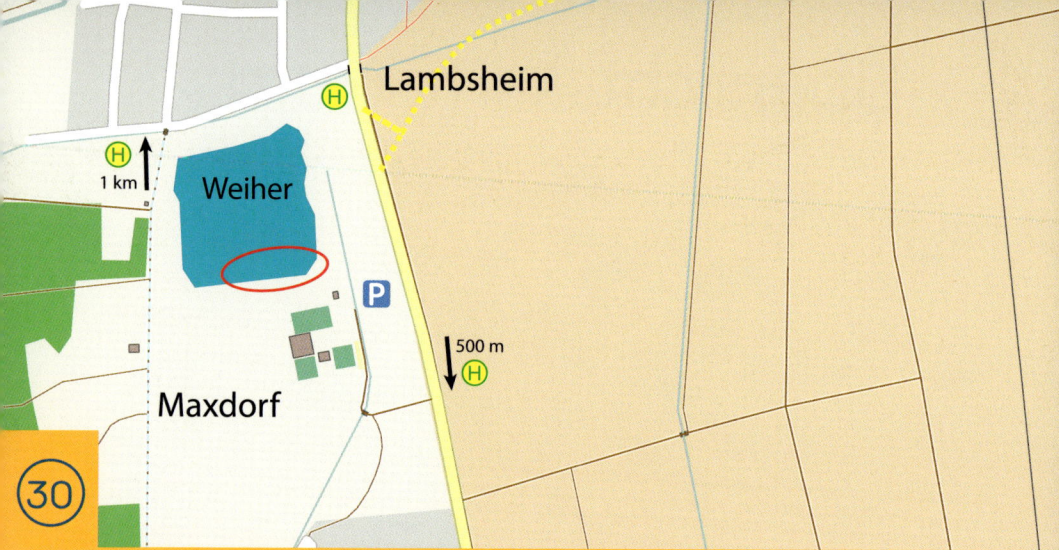

Lambsheim

Ⓗ

1 km

Weiher

P

500 m
Ⓗ

Maxdorf

30

 Auf eigene Gefahr

 –

 Beim Tennisclub an der Gastronomie oder an der Straße nach StVO

 Vorhanden, wenige

 –

 Verboten

 Toilettenwagen

 Verboten

 –

 Verboten

 –

 (Segeln, Surfen, Paddeln verboten)

 Restaurant am Tennisheim

 Verboten

➜ Am Neugraben 1, 67133 Maxdorf
(49°29'46.9"N; 8°17'28.0"E)

Ⓗ Stadtbahn 4, Maxdorf Bahnhof, 2,2 Kilometer // RB, Lambsheim Bahnhof, 2 Kilometer // Bus 482 oder 4980, Lambsheim
Süd, 0,3 Kilometer

– *Teilweise nicht zugänglich wegen brüten-
der Wasservögel*
– *Kaum Besucher, daher sehr ruhig und idyllisch*
– *Schmaler, gemähter Streifen Liegewiese
an der Südseite, ansonsten Wildwuchs*

Ziemlich genau zwischen Lambsheim
und Maxdorf liegt dieser schöne Natursee.
Neben dem See befindet sich das Tennisheim, und hier steht auch der Toilettenwa-
gen, der den Badegästen zur Verfügung
steht.

Der See ist sehr klein und am Ufer stark
mit Schilf bewachsen. An der Südseite kann
man auf der Liegewiese entspannen. Der
Weiher in Maxdorf ist das Zuhause von
vielen Wasservögeln. Somit kann der Badegast nicht überall ins Wasser gelangen,
besonders in der Brutzeit muss auf die Tiere
Acht gegeben werden.

Durch seine Lage hat der See auch mit
Hochwasser zu kämpfen. Ist das nicht der
Fall, ist der See durchaus ein kleines Idyll.
Zwischen dem Schilf sind kleine Buchten,
die auch ohne große Sportmöglichkeiten
oder Infrastruktur Feierabendstimmung
aufkommen lassen und zum Erholen ein-
laden. Dabei sollte man an eine Selbstver-
pflegung denken.

Hier kann man Ruhe in der Natur finden, deshalb helft durch Rücksicht mit, dies
zu bewahren.

Lambsheim

Nachtweide-weiher

A 61

(31)

 Auf eigene Gefahr

 € 0,50 pro Stunde, € 3,– Höchstgebühr, Wohnmobile € 5,–, ca. 500 Parkplätze

 –

 Befestigt, m/w, am Haupteingang

 –

 –

 Schöne Beach-Bar, Kiosk für Pommes und Bratwurst, Gaststätte des Sportanglervereins

 –

 Vorhanden, sehr wenige

 Verboten

 Verboten

 Campingplatz (www.camping-lambsheim.de)

 Wippe (Segeln, Paddeln, Surfen verboten)

Badeverbot und Leinenpflicht

Nachtweideweiher Lambsheim (31)

→ Nachtweide 2, 67245 Lambsheim
(49°31'04.4"N; 8°18'13.2"E)

(H) RB, Lambsheim Bhf., 2 Kilometer //
Bus 452, 4980, Lambsheim Türmchen,
1,3 Kilometer

- *Nur kleine Buchten zum Einstieg, sonst starker Schilfbewuchs am Wasserrand*
- *Gastronomische Vielfalt, die auch am Abend zum Kommen einlädt*
- *Keine unbegrenzte Liegefläche am Wasser*

Der Nachtweideweiher befindet sich östlich von Lambsheim direkt an der A 5. Es findet sich hier ein schön angelegter Badebereich am See. Die Ausstattung der Anlage gleicht nicht der eines der größeren Freizeitzentren in der Region, sondern der eines Ausflugsziels für Familien mit Kind und Kegel.

Kulinarisch ist man hier bestens versorgt. Entweder genießt man einen kühlen Cocktail an der Bar mit Beachfeeling, verspeist Wurst mit Pommes frites am Kiosk oder lässt sich rundum verwöhnen in der liebevoll gestalteten Gaststätte mit Biergarten.

Dieses gastronomische Angebot macht die Badestelle nicht nur tagsüber attraktiv, sondern lädt auch abends zum Biertrinken oder Essengehen mit Freunden ein. Und wer nicht mehr heimwill: Ein Campingplatz in direkter Nachbarschaft macht eine Übernachtung möglich.

So kann man getrost auf Urlaub verzichten – man geht einfach an den Nachtweideweiher und genießt Strandfeeling bis in die Nacht.

Ludwigshafen

Begütenweiher

32

 Auf eigene Gefahr

 –

 Kostenlos, ca. 100 Parkplätze

 Vorhanden

 Nur am Strandzipfel bei der Gastronomie € 2,–

 Verboten

 Befestigt, m/w, an der Gastronomie, stark beansprucht

 Verboten

 –

 Verboten

 –

 –

 Kiosk, Strandbar, Biergarten London Nights

 Leinenpflicht und Badeverbot

Begütenweiher Ludwigshafen (32)

➜ Am Großparthweiher, 67071 Ludwigshafen am Rhein
(49°29'55.6"N; 8°23'03.7"E)

Ⓗ RB, Ludwigshafen-Oggersheim Bhf.,
1 Kilometer // Stadtbahn 4, Oggersheim
Hans-Warsch-Platz, 1,2 Kilometer // Bus
RNV 70, 71, Oggersheim Froschlache,
1 Kilometer // Bus RNV 72, Oggersheim
Karl-Dillinger-Straße, 1 Kilometer

– *Südlich des Sees befindet sich ein wunder-
schön angelegter Park, der gut gepflegt ist.
Mit großer Liegewiese und vielen großen
Bäumen.*
– *Der See ist nur am Südufer leicht zugäng-
lich. Sonst ist die Böschung teils steil und
wild bewachsen.*
– *Eher junges Publikum*

Der Nachbar des Willersinnweihers in Ludwigshafen ist der Begütenweiher. Die Liegewiese um den den See ist leicht hügelig
und parkähnlich angelegt. Durch diese grüne Landschaft führen barrierefreie Wege.
Ins Wasser kommt man allerdings nur mit
Einstieg, und am Ufer befindet sich kein

klassischer Strandabschnitt. An der Spitze
der Halbinsel, nahe der Bar, gibt es einen
kleinen, exklusiven Strandzipfel. Der Zugang
kostet dort Eintritt. Das Baden ist hier nicht
bewacht, und es drängen sich viele Besucher
auf der engen Strandstelle.

Insgesamt wirkt die Umgebung um
die Bar ein wenig wie Klein-Mallorca für
Jugendliche und Junggebliebene. Ruhiger
ist es an der Westseite des Sees. Hier kann
man noch leise Ecken finden, dennoch sind
diese spärlich gesät und ziemlich zwischen
Wasser und Radweg eingequetscht.

Insgesamt ein sehr schöner See, der das
Gefühl von »auf der Decke im Park sitzen«
und »an den See gehen« kombiniert.

Willersinnweiher

Lud

(33)

 01.05.–30.09., Mo–Fr 9–20 Uhr, Wochenende 8–20 Uhr

 Bademeister, Wochenende/ Feiertage DLRG

 Kostenlos, ca. 300 Parkplätze

 Vorhanden

 Erw. € 3,80 (ab 17.30 Uhr € 2,10), Kinder (6–17 Jahre) € 2,10, mit Familienpass Erw. € 2,90, Jugendliche € 1,60

 Verboten

 Befestigt, m/w, barrierefrei, renoviert, Wickeltisch

 Verboten

 Vorhanden, barrierefrei, Außenduschen

 Verboten

 Vorhanden

 Tischtennis, Kinderpool, Wasserrutsche, Nichtschwimmerbereich, Beachvolleyball, Beachsoccer

 Kiosk, Strandbar

 Im Strandbad verboten, am See Badeverbot

Willersinnweiher Ludwigshafen ③③

→ Strandweg 23, 67063 Ludwigshafen am Rhein (49°29'49.0"N; 8°23'47.7"E)

Ⓗ RB, Ludwigshafen-Oggersheim Bhf., 1,5 Kilometer // Stadtbahn 4, Oggersheim Hans-Warsch-Platz, 1,5 Kilometer // Stadtbahn 7, 8, Friesenheim Ammoniakstraße, 1,2 Kilometer // Stadtbahn 10, Friesenheim Kreuzstraße, 1,2 Kilometer // Bus RNV 70, Friesenheim Riedsaumpark, 0,5 Kilometer // Bus RNV 70, 71, Oggersheim Froschlache, 1 Kilometer // Bus RNV 72, Melm, Karl-Dillinger-Straße, 1 Kilometer

- *Leider ein recht kurzer und schmaler Sandstrand*
- *Schöne, neu angelegte Liegewiese, auf der man auch mal ein ruhigeres Plätzchen findet*
- *Insgesamt schöne Freibad-Badesee-Kombination*

Der Willersinnweiher in Ludwigshafen ist ein facettenreicher See. Im Norden herrscht Badeverbot, denn dort steht der Naturschutz im Vordergrund.

Das Süd-, Ost- und Westufer ist durch zwei Schwimmvereine und ein tolles Strandbad belegt. Im Strandbad ist neben dem Zugang zum See auch ein Schwimmbecken mit Rutsche vorhanden. Das Bad wird so gleichzeitig zum Freibad. Im Jahr 2014 wurde das Bad renoviert.

Umgesetzt wurden unter anderem ein großer, barrierefreier Strandbereich, ein neues Sportbecken und ein tipptopp Beachvolleyballbereich.

Das Bad wird aktuell noch weiter saniert, man darf gespannt sein. Die Kombination aus Freibad und Badesee ist in jedem Fall sehr gelungen, der Ausblick auf den schönen Natursee lohnenswert. Und wer das Eintrittsgeld vergessen hat, kann ja spontan am Begütenweiher nebenan baden.

Frankenthal

Strandbadweiher

B 9

34

 01.05.–30.09., 9–19.30 Uhr (Di. und Do. ab 7 Uhr), 01.07.–19.08., 9–22 Uhr, ganzjährig 8–18 Uhr als Parkanlage

 Kostenlos, ca. 100 Parkplätze (deutlich zu wenig bei Hochbetrieb)

 Erw. € 4,– (ab 17.30 Uhr € 3,–), Kinder von 6 bis 17 Jahren € 3,– (ab 17.30 Uhr € 2,–), Familienkarte € 14,–

 Befestigt, m/w, barrierefrei, Wickelraum (kompletter Sanitärluxus)

 Befestigt, m/w (kompletter Sanitärluxus)

 Vorhanden, Wertschränke

 Biergarten unter den Kastanien, Bistro, Eisbude

 Schwimmmeister, Wochenende / Feiertage DLRG

 Vorhanden, ausreichend (nicht auf allen Liegewiesen so zahlreich)

 Verboten

 Verboten

 Verboten

 Tischtennis, Beachvolleyball, Parcours, Aqua-Park mit Rutschen, Barfuß-Pfad, Spielplatz, Minigolf, Kleinkindbecken (Segeln etc. verboten)

 Verboten

Strandbadweiher Frankenthal

➜ Meergartenweg, 67227 Frankenthal
(Pfalz) 49°31'43.9"N; 8°22'05.5"E

Ⓗ RB, RE, Frankenthal Hbf, 1,8 Kilometer //
Bus 467, Frankenthal ADR Kiosk, 0,7 Kilometer

– *Saniert und teilweise neu gestaltet*
– *Auf der Nordseite ist es sehr ruhig. Mit dem*
starken Baum- und Schilfbewuchs am
Wasserrand findet man hier einen sehr
natürlichen Badeabschnitt
– *Sehr schön gestaltetes Freibad; Natur-*
see-Kombi

Dieses Strandbad bietet alles, was das Herz
begehrt: weitläufige Liegewiesen, zahlreiche Sport- und Spielmöglichkeiten und
eine komplette Freibadinfrastruktur. Das
Natursee-Feeling geht zwar etwas verloren,
dafür kann man hier besonders mit Kindern
entspannte Stunden und spannende Tage
verbringen.

Zum Badesee kommen mehrere
Schwimmbecken hinzu. Der Badebereich wurde saniert und neu gestaltet. Im
See selber ist ein Aquapark installiert mit
aufblasbaren Rutschen und Trampolin. Au-
ßerdem kann der Badegast auf Ruheinseln,
in der Parkour-Anlage oder auf dem Bar-
fußpfad Zeit verbringen. Für ein besonderes Highlight sorgt die See-Bühne mit regel-
mäßigen Konzerten. In den Sommerferien
findet eine zweiwöchige Tagesbetreuung
für die Kids statt, das Strandbadferienlager.

Ein kleines Manko ist im Hochsommer
auf jeden Fall die Parkplatzsituation. Wer
kann, sollte mit dem Rad oder den öffent-
lichen Verkehrsmitteln anreisen und sich so
die Parkplatzsuche ersparen. Dennoch ist
das Bad auf jeden Fall ein Redaktions-Tipp.

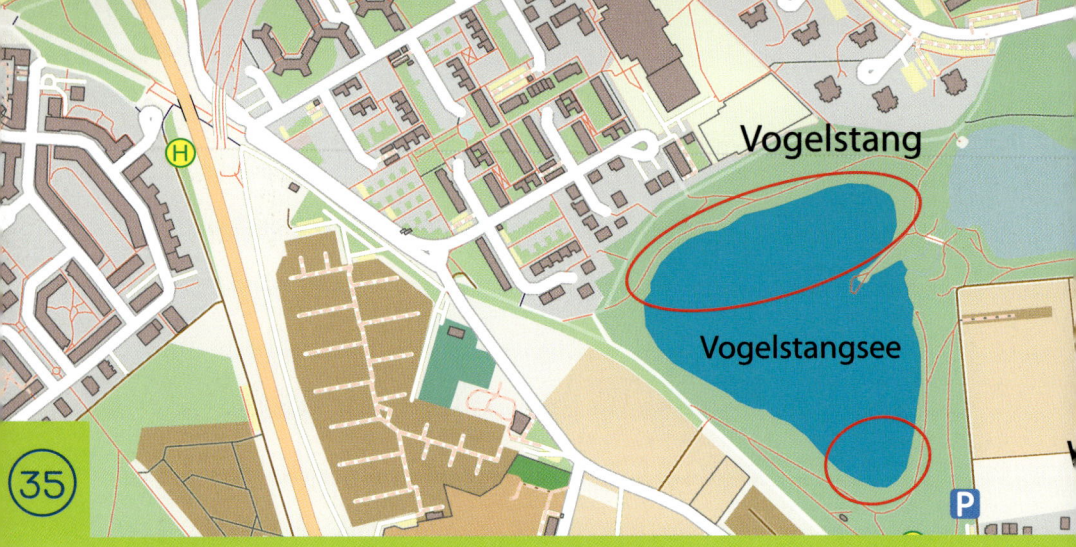

Vogelstang

Vogelstangsee

	Baden auf eigene Gefahr von 6 bis 22 Uhr		–
	Kostenlos am Südstrand (ca. 30) und in der Stadt nach StVO (wenige Plätze)		Vorhanden, ausreichend
	–		Erlaubt
	Befestigt, m/w, barrierefrei, schlechter Zustand		Erlaubt
	–		Verboten
	–		Surfen (vom 16.09. bis 14.05.), Spielplatz
	–		Baden verboten

Vogelstangsee Mannheim

➜ Storchenstraße 3, 68259 Mannheim
  (49°30'06.0"N; 8°32'39.0"E)

Ⓗ Tram 5a, 7 und 15, Vogelstang West,
  0,4 Kilometer // Tram 5a und 15, Wall-
  stadt West, 0,2 Kilometer // Bus 57, Wall-
  stadt West, 0,2 Kilometer

- *Wasserqualität ist gut, und die Parkanlage
  sieht gepflegt aus*
- *Entspannte Atmosphäre, breitgefächertes
  Publikum (Jugendliche, Familien, Pärchen)*
- *Ein neuer Sanitärbereich würde die Anlage
  enorm aufwerten*

Ein kleiner See im Herzen der Stadt, so braucht man nicht weit mit dem Auto fahren, bis man den See erreicht. Auf der einen Seite erinnert das Gelände an eine Grünanlage, in der man nach der Vorlesung oder der Arbeit gemütlich mit Freunden ein Feierabendbier genießen kann.

Aber auf der anderen Seite fällt flach ins Wasser ein kleiner Sandstrand ins Wasser ab. An dieser Stelle tummeln sich Eltern mit ihren Kindern. Während die Erwachsenen im Gras liegen, können die Kids unter Aufsicht der Erwachsenen am Sandstrand spielen und im See baden.

Nicht weit davon befindet sich auch ein großer Abenteuerspielplatz. Joggen und Fahrrad fahren kann man am Vogelstangsee, doch ein Beachvolleyballfeld sucht man leider vergebens. Es sei noch zu erwähnen, dass die Toiletten zwar vorhanden, aber leider miserabel sind.

**Badesee
Heddesheim**

A 5

Heddesheim

36

Mai bis Mitte September,
8–20 Uhr, Kassenschluss
19.30 Uhr

Bademeister mit Rettungsboot
und Erste-Hilfe-Raum

Kostenlos, ca. 300 Parkplätze

Vorhanden, ausreichend

Erw. € 3,50 (ab 17.30 Uhr € 2,50),
Erm. € 2,50, Kinder 6–18 Jahre
€ 2,–, Familienkarte € 8,50

Nur für Tauchfreunde Heddesheim
(www.tauchfreunde-heddesheim.de)

Befestigt, m/w, barrierefrei,
kompletter Sanitärkomfort
eines Freibades

Verboten

Befestigt, m/w, barrierefrei,
kompletter Sanitärkomfort
eines Freibades, zusätzlich
Strandduschen

Verboten

Befestigt und zusätzlich
Kabinen auf Gelände verteilt

Handball, Fußball,
Beachvolleyball, Tischtennis,
Minigolfanlage

2 Kioske (mit Beachbar)

Verboten

Badesee Heddesheim ⟨36⟩

➜ An der Fohlenweide 7, 68542 Heddesheim (Baden) (49°30′53.0″N; 8°36′49.9″E)

Ⓗ RB, Heddesheim/Hirschberg, 2 Kilometer // S 4, Bahnhof Heddesheim, 2 Kilometer // Bus 627 und 629, 0,3 Kilometer

– *Sehr gut besuchter Badesee, man muss
früh kommen für gute Plätze*
– *Im Sommer nichts für Ruhesuchende*
– *Vor oder nach dem Schwimmbadbesuch
kann man sich auf dem »Trimm-Dich-
Pfad« auspowern. Eine schöne, 2,1 Kilo-
meter lange Laufstrecke führt um den
Badesee mit Outdoor-Fitnessgeräten wie
Klimmzugstangen, Hangelstangen und
Balancierbalken*

In Heddesheim zwischen dem Golfklub und
der Sportanlage am Ortsrand und in direkter
Nähe zur Autobahnausfahrt Hirschberg liegt
der Badesee Heddesheim.

Es handelt sich um ein wunderschönes,
riesiges Freizeitzentrum mit allem, was das
Herz begehrt. Die Anlage ist weitläufig und
sehr gepflegt mit tollem Sandstrand und
großer Liegewiese.

Breite Wege und der voll barrierefreie Sanitärbereich erleichtern Rollstuhlfahrern wie
auch Eltern mit Kinderwagen den Besuch.
Ins Wasser führt eine Treppe mit Handlauf,
so dass auch ältere Menschen sanft in den
See kommen. Natürlich sind auch zahlreiche
Spiel- und Sportmöglichkeiten vorhanden.

Obwohl der See gar nicht allzu groß ist,
wird dem Badegast hier zum fairen Preis ei-
niges geboten. In Heddesheim hat die ganze
Familie, vom Kleinkind bis zur Oma, Badever-
gnügen satt.

 14.05.–11.09., Mai und Sept.
10–19 Uhr, Juni bis August
10–20 Uhr, Wochenende
und Feiertage 9–20 Uhr

 Bademeister mit Rettungsboot

 Kostenlos, ca. 1000 Parkplätze
(mit Miramar), barrierefrei

 Vorhanden, ausreichend

 Erw. € 3,30 (ab 17.30 Uhr
€ 1,80), Erm. € 1,70, Kinder unter
6 Jahren frei, Tagessurfkarte
€ 9,– (Erm. € 6,–)

 Erlaubt während der
Strandbadöffnungszeiten, € 7,20
Tageskarte, max. 60 Taucher bei starkem
Badebetrieb, im Badbereich verboten

 Befestigt, m/w, barrierefrei,
Wickelstation

 Verboten

 Befestigt, m/w, barrierefrei,
zusätzlich Stranddurschen

 Verboten

 Befestigt und zusätzlich
Kabinen auf Gelände verteilt

 Beachvolleyball, Gartenschach,
Spielplatz, Tischtennis,
Spielwiese für Ballspiele,
Kinderseilbahn

 Kioske und angrenzendes
Restaurant mit Seeterrasse

 Verboten

Waidsee Weinheim

➜ Hammerweg 63, 69469 Weinheim
(49°32'08.6"N; 8°38'37.9"E)

Ⓗ RB, Lützelsachsen Bahnhof, 1 Kilometer // Stadtbahn 5, Lützelsachsen Bergstraße oder Weinheim Stahlbad, 1,3 Kilometer // Bus 631, Waid Miramar, 0,1 Kilometer

– Schöner und großer See, breiter Sandstrand und riesige Liegewiese
Am Nordufer sind kleine, frei zugängliche Liegewiesen und See-Einstiege
– Das Gelände ist in einem gepflegten Zustand

Das Strandbad Waidsee in Weinheim schließt genau an das Saunaparadies und Erlebnisbad Miramar an, hat aber einen separaten Eingang. Es handelt sich um eine nette Strandbadanlage, die zwar etwas in die Jahre gekommen ist, aber dennoch alles bietet, was der Badegast braucht. Umkleiden und Toiletten sind einfach, praktisch und gepflegt.

Kleine, feine Details wie alte Einkaufswagen als Transportgelegenheit verraten aber schon, dass hier ein tolles Badeerlebnis auf einen wartet. Und so erblickt man auch bald den endlos langen Sandstrand mit zusätzlichem, extra groß angelegten Buddelareal für kleine Burgenbauer. Die Liegewiese ist weitläufig und mit Schatten spendenden Bäumen bestückt. Im Norden kann man an der Halbinsel das Ganze noch im Kleinformat genießen. Denn hier findet man kleinere Wiesenabschnitte und See-Einstiege. Rundum ein empfehlenswertes, schönes Strandbad, das allemal eine Reise wert ist.

Wiesensee

A 5

Hemsbach

P

H

H

38

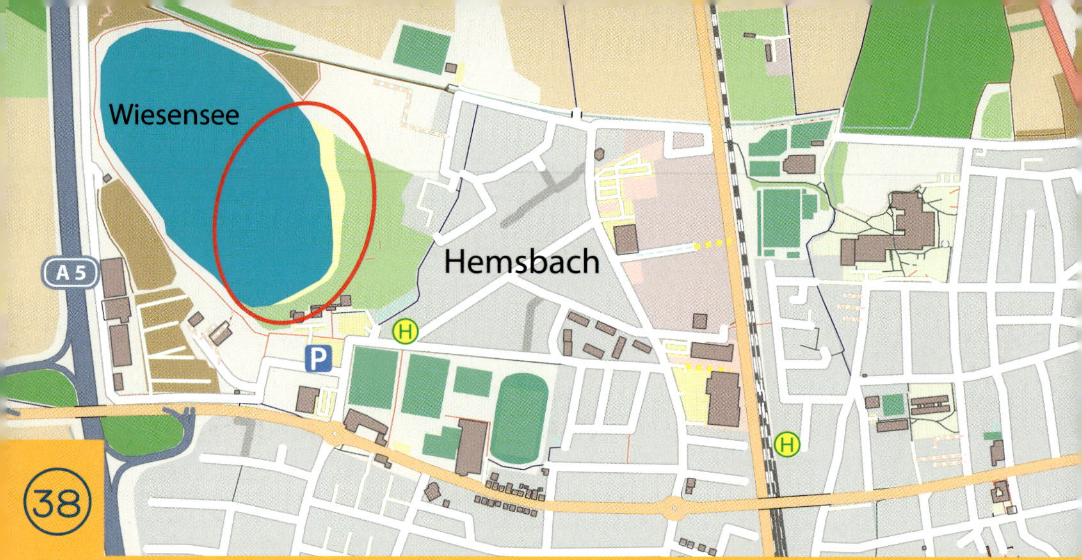

 01.05. bis 15.09., 9–20 Uhr
(Tel. 0 62 01/7 36 29)

 Schwimmmeister, Wochenende/
Feiertage/Schulferien täglich
DRK Hemsbach Sanitätsdienst,
Wochenende/Feiertage DLRG

 Kostenlos, ausreichend auch
für Fahrräder/Motorräder,
barrierefrei

 Vorhanden, ausreichend

 Erw. € 3,– (ab 17.30 Uhr € 2,–), Erm.
€ 2,–, Jugendliche 6–18 Jahre
€ 1,50, Kinder unter 6 Jahren
frei, Familienkarte € 60,–,
Elternteilkarte € 30,–

 Erlaubt, verboten im Badebereich,
max. 10 Taucher, nur während
Badöffnungszeiten, Tauchzugang am
Steg der Rettungsdienste

 Befestigt, m/w, barrierefrei

 Verboten

 Befestigt, m/w, barrierefrei,
zusätzlich Strandduschen

 Campingplatz am See (www.
camping-wiesensee.de)

 Vorhanden

 Beachvolleyball, Spielplatz,
Tischtennis, Paddeln,
Schwimminsel

 Kioske und angrenzendes
Restaurant mit Seeterrasse

 Im Strandbad verboten, am See
Leinenpflicht und Badeverbot

Wiesensee Hemsbach (38)

→ Seeweg 3, 69502 Hemsbach
(49°35'41.6"N; 8°38'13.9"E)

Ⓗ RB, Hemsbach Bahnhof, 1 Kilometer //
Bus 631 und 632A Hemsbach Wiesensee, 0,1 Kilometer

– *Sehr breiter und langer Sandstrand*
– *Große Liegewiese mit ausreichend vielen*
schattenspendenden Bäumen
– *Strand und Liegefläche sind gepflegt*

Direkt an der Autobahnausfahrt Hemsbach liegt das Hemsbacher Wiesensee-Freibad. Es zählt nicht zu den spektakulären Freizeitzentren in der Region, ist aber ein schönes und gepflegtes Strandbad. Hemsbach liegt am Rande der Rheinebene und somit hat man hier noch das angenehm warme Klima, für das diese bekannt ist.

Nicht nur der See ist zum Baden da, es ist auch ein erwärmtes Gewöhnungsbecken vorhanden. Das Freibad stellt ein weit gefächertes Sportangebot auf und bietet unter anderem auch Schwimmkurse und Wassergymnastik an. Die Liegefläche ist so weitläufig, dass man auch bei hohen Besucherzahlen einen Schattenplatz ergattern kann. Besonders angenehm ist, dass am See entlang Außenduschen stehen, unter denen man sich geschwind vor und nach dem Baden abbrausen kann.

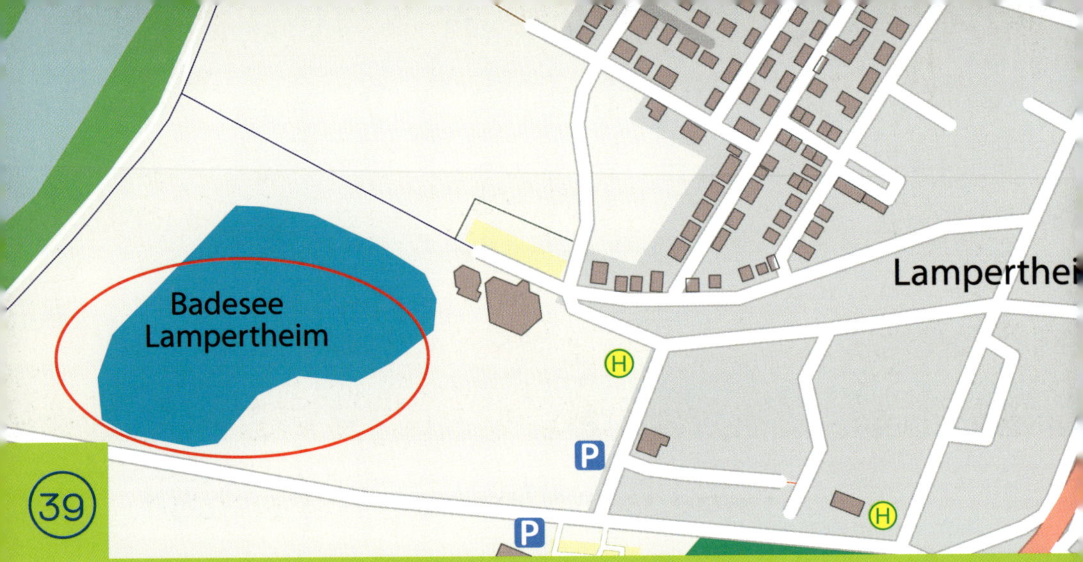

 15.05.–15.09., 8–20 Uhr, Di. und Do. ab 6 Uhr Frühschwimmen (Tel. 0 62 06/9 35-2 65)

 Bademeister, Wochenende/ Feiertage DLRG (rote Flagge keine Aufsicht)

 Kostenlos, ca. 300, barrierefrei

 Vorhanden, ausreichend

 Erw. € 4,– (ab 18 Uhr € 2,–), Jugendliche 6–18 Jahre € 2,– (ab 18 Uhr € 1,–), Erm. € 3,–, Familienkarte € 9,–

 Erlaubt, Tauchclub am See (www.tauchclub-lampertheim.de)

 Befestigt, m/w, barrierefrei, kompletter Sanitärluxus

 Verboten

 Befestigt, m/w, barrierefrei, Gruppen, kompletter Sanitärluxus

 Verboten

 Befestigt und auf dem Gelände verteilt, Laufställe in Umkleidekabinen und behindertengerechte Einstiegshilfen

 Outdoor-Fitnesspark, Tischtennis, Beachvolleyball, Beachsoccer, Riesenrutsche, Gigaball, Tischkicker

 Schöner Kiosk mit schicken Sitzgelegenheiten

 Verboten

Biedensand Bäder Lampertheim ㉟

➜ Weidweg 21, 68623 Lampertheim
(49°35'39.1"N; 8°27'17.1"E)

Ⓗ RE und RB, Lampertheim Bahnhof,
2 Kilometer // Bus 603 und 604, Lampertheim Hallenbad, 0,1 Kilometer

– *Schöner See mit tollem breiten Sandstrand und guter Wasserqualität*
– *Die Schwimmbadatmosphäre verliert sich am See. Dort ist nicht so viel los wie im Schwimmbadbereich und der Lärmpegel ist deutlich geringer*
– *Hervorragende Sanitärbereiche, gerade auch für Familien*

Die Biedensand Bäder in Lampertheim bieten eine Superkombination aus Hallenbad, Freibad und Natursee. Für jedes Alter ist hier was geboten. Eine spektakuläre Wasserrutsche lässt Kinderherzen höher schlagen, und das Zertifikat »Seniorenfreundlicher Betrieb« benötigt wohl keine weiteren Erklärungen.

Die Anlage ist top gepflegt und bietet auch sanitären Luxus. Eine sicherlich nachahmenswerte Idee sind die fest installierten Sonnenschirme, die auf der Wiesenfläche und dem breiten Strandstreifen am Badesee aufgestellt sind. So muss man nicht selber an diese denken und die Chance auf einen Schattenplatz erhöht sich ungemein.

Auch die Gastronomie ist wirklich hübsch und lädt zum Verweilen ein. Der Badespaß ist hier zwar nicht ganz günstig, aber man kommt voll und ganz auf seine Kosten. Für einen schönen Badetag lohnt es sich allemal!

Bobenheim-Roxheim

Silbersee

B 9

 Baden auf eigene Gefahr

 € 0,50 pro Stunde (9–19 Uhr), € 3,– Höchstgebühr, Wohnmobile € 5,–, ca. 300 Parkplätze

 –

 Befestigt, m/w, am Kiosk

 –

 –

 Kiosk/Strandbar mit Sitzgelegenheiten

 15.05.–15.09. DLRG an Samstagen (13–18 Uhr) und Sonntagen/Feiertagen (9–18 Uhr)

 Vorhanden, wenige am großen Sandstrand

 Verboten

 Verboten

 Verboten

 Surfschule, Kanu- und Segelclub (Surfen, Segeln, Paddeln von 01.11.–15.03. verboten)

 Auf Liegewiese verboten, Badeverbot, Leinenpflicht auf Rundweg

Silbersee Bobenheim-Roxheim (40)

➔ Industriestraße 21, 67240 Bobenheim-Roxheim
(49°34'11.1"N ;8°22'32.7"E)

Ⓗ RB, Bobenheim Bhf., 3,5 Kilometer //
Bus 463, Roxheim Röntgenstraße, 1 Kilometer

– *Teils sich selbst überlassener Sandstrand,*
dahinter durch den fehlenden Schatten im
Sommer eine ausgetrocknete Liegewiese
– *Trotz vieler Mülleimer gelegentlich nicht*
gänzlich sauber
– *Durch den Sandstrand und die Größe des*
Sees kommt Urlaubsfeeling auf

Den Schatz im Silbersee – den sucht man wahrscheinlich vergebens, aber ein kleiner Schatz ist dieser große See für Surfer oder Segler auf jeden Fall. Leider ist die Badestelle hingegen etwas kleiner ausgefallen. Dennoch ist sie schön und bietet Urlaubsflair.

Es handelt sich um einen Strandabschnitt mit Liegewiese, und von dort hat man einen Einstieg ins erfrischende Wasser. Ein Rundwanderweg führt hier entlang. An den See grenzt ein Naturschutzgebiet, deshalb bitte auf diesen Wegen bleiben und auch nur im Bereich der Bojen schwimmen.

An der Badestelle kann man kleine Snacks in der Strandbar zu sich nehmen und auch ein Sanitärbereich ist vorhanden. Generell ist die Ausstattung in Ordnung, könnte aber besser sein. An der Bar können auch Nichtschwimmer bei einem kühlen Getränk ein wenig Urlaubsgefühl tanken.

Der See ist im Sommer gut besucht, Parkplätze zum fairen Preis gibt es ausreichend. Wer einen Parkplatz sucht, kann an heißen Tagen also ein wenig später kommen, wer ein gutes Plätzchen am Strand sucht, sollte etwas früher dran sein.

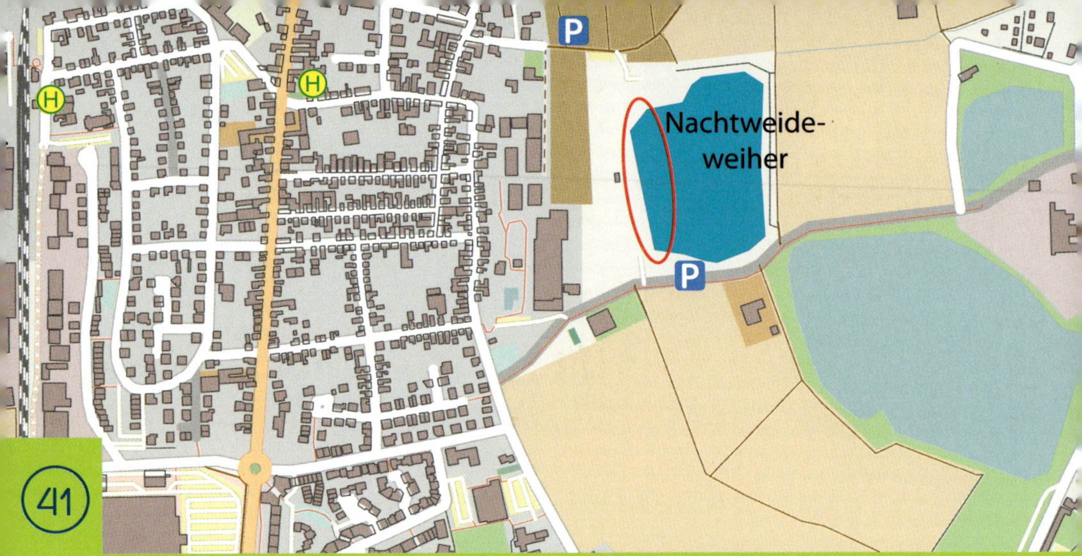

41

Nachtweide-
weiher

 Auf eigene Gefahr an der
östlichen Uferhälfte

 –

 Gebührenpflichtig von 9 bis
19 Uhr, 1 Stunde € 1,–, max.
€ 10,–

 Vorhanden

 –

 Verboten

 Befestigt, m/w, am Kiosk

 Verboten

 –

 Verboten

 –

 Tischtennis (Segeln, Paddeln,
Surfen verboten)

 Kiosk

 Verboten

Nachtweideweiher Bobenheim-Roxheim 〔41〕

➜ Kleinerweg 3, 67240 Bobenheim-Roxheim
(49°35'07.8"N 8°21'48.2"E)

Ⓗ RB, Bobenheim Bhf., 1 Kilometer //
Bus 462, Bobenheim-Roxheim Kirche,
0,6 Kilometer

– *Sehr viel Platz am See für die wenigen
(meist ortsansässigen) Besucher*
– *Der See ist sehr sauber*
– *Wer es gerne ruhig mag, findet hier ein
kleines Idyll*
– *Kleiner Tipp für die Verwaltung: Grüne
statt blaue Müllbeutel würden das Ge-
samtbild noch ein wenig aufwerten*

Der See mit dem idyllischen Namen Nachtweideweiher liegt am Ortsrand von Bobenheim zwischen Worms und Frankenthal. Der
kleine Gemeindesee soll in erster Linie den
Einheimischen als Naherholungsgebiet die-
nen. Dieses möchte man gerne so belassen.

Baden ist nur am östlichen Ufer erlaubt
und dort befindet sich auch die gepflegte
Liegewiese mit kleinen Strandabschnitten.
Der Zugang ins Wasser ist nur zwischen
starkem Bewuchs möglich, einen größeren

Strandabschnitt gibt es nicht. Andererseits
macht dies auch den Reiz eines bewachsenen Natursees aus.

Vor Ort gibt es einen Kiosk mit Toiletten,
ansonsten ist die Infrastruktur aber nicht
ausgebaut. Wer dem Trubel in den Freizeitzentren der Region entkommen will und
sich Ruhe wünscht, ist hier genau richtig.

Das Parken ist hier teurer als am großen
Bruder Silbersee. Vielleicht versucht man so
ein bisschen die Besucherströme zu lenken
und eher an den Silbersee zu locken.

Herrnsheim

Worms

42

500 m

 Auf eigene Gefahr, bei Badewetter von 10–19 Uhr

 Vom Verein

 Kostenlos, ca. 150 Parkplätze

 Vorhanden, nicht allzu zahlreich am Strand

 Erw. € 2,–, Kinder (5–14 Jahre) € 1,50

 Verboten

 Befestigt, m/w, am Kiosk

 Am Grillplatz auf Anfrage

 Außenduschen bei Umkleiden

 Verboten (auf Anfrage Zelten für Vereine)

 Befestigt, m/w

 Beachvolleyball, Tischtennis, Boccia (Segeln, Paddeln, Surfen verboten, Schwimminsel im See verboten)

 Kiosk

 Verboten

Badesee Worms-Herrnsheim

➜ Fahrweg 70, 67550 Worms
(49°39'34.2"N; 8°20'32.2"E)

Ⓗ RB, Worms Hbf, 3,5 Kilometer // Bus 407,
Richard-Stumm-Straße, 1 Kilometer //
Bus 406, 431, Procter und Gamble, 1,3 Kilo-
meter

– *Sehr große Liegewiese mit ausreichend
Platz und schattenspendenden Bäumen*
– *Auf der Südseite sind etwas mehr Bäume
am Strand*
– *Ein liebenswerter kleiner See, der von den
Vereinsmitgliedern mit viel Engagement
gepflegt wird*

Linksrheinisch, im Norden von Worms, liegt
der Badesee Herrnsheim. Besonders ist,
dass er von einem Verein betrieben wird,
dessen Mitglieder mit Herzblut bei der Sache sind.

Um den kleinen Badesee zieht sich ein-
seitig ein Strandabschnitt und die schöne
Liegewiese dahinter bietet wirklich viel Platz.
Der Einstieg ins kühle Nass ist zudem flach.
Die Anlagen auf dem Gelände wie Toiletten
und Umkleiden sind schon etwas älter, aber

völlig in Ordnung. Vor allem Umkleiden gibt
es jede Menge. Zu den Toiletten muss man
je nach Liegeplatz ein Stück laufen.

Wenn man dazu noch den preiswerten
Eintritt und den Verein als Träger betrachtet, ist es einfach nur toll, dass so ein attraktiver und gut ausgestatteter See für die Öf-
fentlichkeit zugänglich ist.

Obendrein sind die Alternativen zu
dieser Bademöglichkeit in der näheren
Umgebung eher spärlich gesät. Daher hier
gerne auch der Appell, die sympathischen
Betreiber durch anständiges Verhalten und
vielleicht auch mit ein paar Cent mehr als
dem angegebenen Eintrittspreis zu unter-
stützen.

Tamburinsee

43

 März bis Oktober, auf eigene Gefahr, nur für Camper, Tel. 0 62 45/30 40

 –

 Nur für Camper

 Ausreichend vorhanden

 Wohnmobil + 2 Pers. € 20,– (jede weitere Pers. € 5,–), Zelt und 1 Pers. € 15,–

 In Absprache mit dem Besitzer möglich

 Befestigt, m/w, mobiler Wickeltisch

 Erlaubt

 Vorhanden, fließendes Warmwasser

 Campingplatz, www. freyzeitpark.de

 In Dusche

 Tolle Fass-Sauna mit Holzbefeuerung (pauschal € 10,–), Golfplatz (der auch Schnupperkurse anbietet)

 Golfrestaurant

 Leinenpflicht für Hunde von Campern

Tamburinsee Biblis-Wattenheim (43)

→ Am Tamburinsee, 68647 Biblis-Wattenheim (49°41'13.0"N; 8°24'00.1"E)

(H) RB, Biblis, 3,7 Kilometer // Bus 642, 645, 647, Wattenheim Jugendheim, 0,8 Kilometer

– *Nördliche Badestelle ist nicht mehr zugänglich (siehe Bilder)*
– *Ein kleines Idyll mit Campingplatz und Fass-Sauna*

Der Tamburinsee in Wattenheim ist ein sehr sympathischer, ruhiger Campingplatz-See. Der Zugang ist nur für Besucher des Freyzeit-Camping-Parks. Der See ist wirklich schön, mit einer sehr guten Wasserqualität.

Ansonsten erwartet einen in der Anlage ein warmes, familiäres Ambiente, das zu ein paar Tagen Erholung einlädt. Besonders erwähnenswert ist die hervorragende Gastronomie am angrenzenden Golfpark mit sehr günstigen Preisen. Und auf dem Campingplatz steht Gästen das Komfort-Badehaus mit Granitboden und Paroli-Fußbodenheizung zur Verfügung.

Besonders zu erwähnen ist hier mit Sicherheit die Fass-Sauna am Seeufer. Ein kleines, rundes Saunahäuschen, das auch bei kälteren Temperaturen im Frühling oder Herbst für die nötige Herzenswärme und gesundes Schwitzen sorgt.

Insgesamt ein fantastisches Fleckchen Ruhe in einer hektischen Welt.

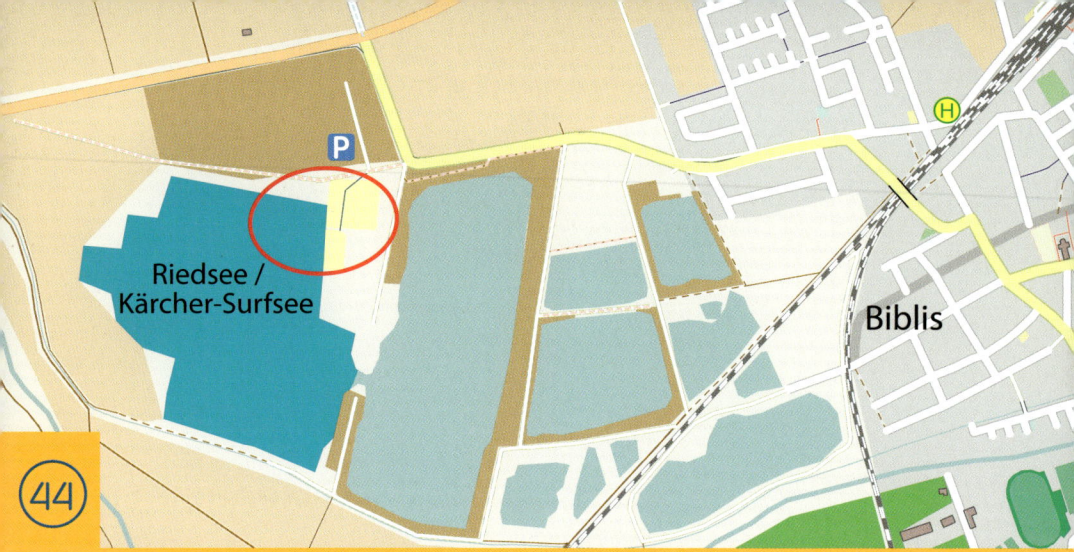

Riedsee /
Kärcher-Surfsee

Biblis

44

 Auf eigene Gefahr, von ca. April bis Oktober, wetterabhängig 10–22 Uhr

 –

 Auto € 2,–, Motorrad € 1,–

 Fast keine

 Erw. € 2,50, Schüler/Studenten € 2,–, Jugendliche von 5 bis 16 Jahre € 1,50, Kinder bis 5 Jahre frei, Surfkarte € 7,– (pro Brett, inkl. Auto und 1 Person)

 Erlaubt

 Container, m/w

 Verboten

 –

 Vom Landkreis verboten, wird jedoch toleriert. Auf Anfrage im kleinen Rahmen erlaubt

 Für Surfer und Gäste an der Surfschule

 Surfen, Beachvolleyball, Beachsoccer

 Nette Surf-Bar

 Am Bistro erlaubt, am Strand verboten

Riedsee Biblis ④④

➜ Außerhalb 200, 68647 Biblis
(49°41'09.5"N; 8°25'45.5"E)

Ⓗ RB und RE, Biblis, 1,6 Kilometer //
Bus 642 und 645, Biblis Riedsee,
0,1 Kilometer

– *Das komplette Areal ist mit Sand bedeckt*
und an heißen Tagen etwas zu klein für
den Besucherandrang
– *Surferbar ist einladend mit rustikalem*
Ambiente
– *Echtes Baggerseeflair gepaart mit den An-*
nehmlichkeiten eines Strandbades

Der Riedsee in Biblis ist ein noch aktiver Baggersee, das heißt, hier wird noch Kies abgebaut. Das Ufer des Sees ist teilweise mit Ferienhäuschen bebaut, teilweise frei zugänglich oder durch das Strandbad mit Surfschule zu erreichen.

Baden ist hier auch außerhalb des Strandbades durchaus möglich. Informiere dich bitte wie immer, ob dies nicht inzwischen durch den Kiesbetreiber verboten wurde oder ob der Badegast weiterhin auf eigene Gefahr ins Nass hopsen darf.

Ansonsten ist das Strandbad eine gelungene Alternative. Es kommt zwar nicht das große Freie-Natur-Gefühl auf, doch die Anlage ist liebevoll angelegt und bietet neben der Surfschule mit Surferbar auch drei große Beachvolleyballfelder. Kleine Fußball-tore und einige weitere Sportmöglichkeiten runden das Angebot ab.

An diesem See solltest du dringend auf Sonnenschutz und -schirm achten, da es wenig Schatten gibt.

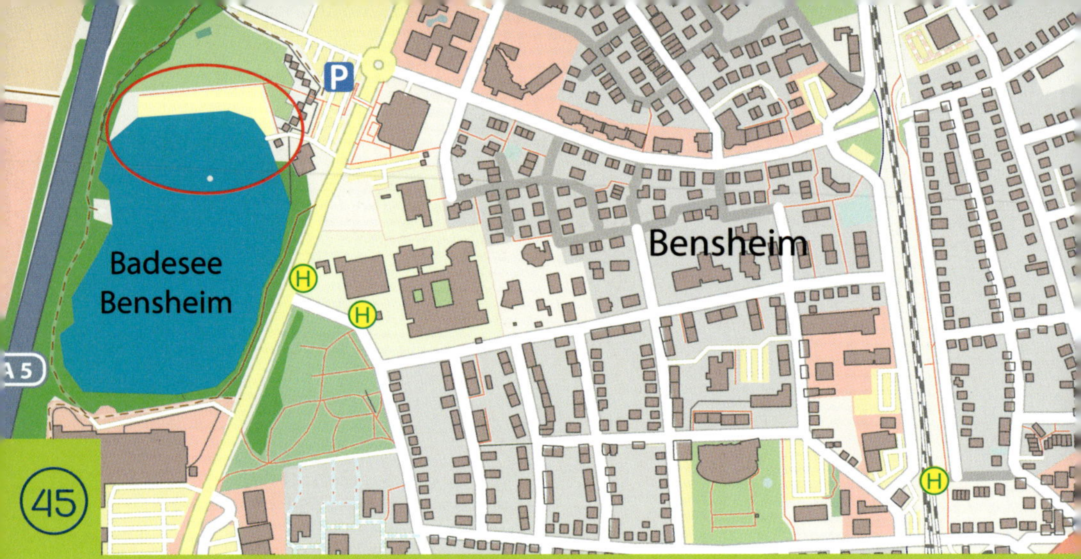

Badesee Bensheim

Bensheim

45

 01.05.–30.09., Mai und September
8–20 Uhr, Juni bis August
8–21 Uhr

 Bademeister mit Boot

 Kostenlos

 Vorhanden, ausreichend

 Erw. € 3,–, Erm. (Kinder ab 4 J.,
Schüler, Studenten usw.) € 1,50

 Erlaubt für Mitglieder des ansässigen
Vereins

 Befestigt, m/w, barrierefrei
(2004 renoviert)

 Verboten

 Befestigt, m/w, barrierefrei,
warm gegen Gebühr,
Strandduschen

 Verboten

 Vorhanden mit Spinden und
Wertschließfächern

 Beachvolleyball, Spielplatz,
Schwimminsel

 Kiosk mit Terrasse

 Verboten

Badesee Bensheim ㊺

➔ Berliner Ring 110, 64625 Bensheim
(49°41'14.8"N; 8°36'21.6"E)

Ⓗ ICE, EC, IC, RE, RB und RE, Bensheim Bahnhof, 1,5 Kilometer // Bus 640 und 641,
Bensheim G.-Scholl-Schule/Berl. Ring,
0,1 Kilometer // Bus 673, 675 und 677,
Bensheim G.-Scholl-Schule Parkplatz,
0,2 Kilometer

– *Schöne, große Liegewiese mit vielen Mülleimern, daher sehr sauber*
– *Holzflechtmöbel stehen auf dem ganzen
Gelände bereit und können von den Besuchern an ihren Lieblingsort gebracht werden, um angenehm darauf zu entspannen*
– *Breiter Sandstrand, der von einem gepflas-
terten Weg von der Liegewiese getrennt ist*
– *Saubere und gepflegte Toiletten*
– *Die Nähe zur A5 ist etwas störend, da diese
deutlich zu hören ist*

Der Badesee Bensheim liegt zentral in der
Stadt am Berliner Ring. Die Anlage erinnert
an ein Freibad. Sanitäranlagen und Umkleiden wirken gepflegt und sauber. Am Sandstrand stehen als besonderes Highlight

Strandkörbe, eine Holzliegefläche wurde
angelegt und auch auf der Liegewiese kann
man ein gemütliches Fleckchen finden.
Dort kann der Badegast eine vorhandene
Holzflechtliege zurechtrücken und mit seinem eigenen Handtuch bestücken.

Die Anlage ist nicht riesig, aber doch ausreichend weitläufig. Für Kulinarisches kann
man schnell an den Kiosk flitzen oder aber
neben dem Strandbad in einem eher geho-
benen Restaurant mit guter Küche speisen.

Leider ist der Badesee nicht für Nichtschwimmer geeignet und das Ufer fällt sehr
schnell und steil ins Wasser ab. Daher ist bei
einem Besuch mit kleinen Kindern Obacht
geboten. Insgesamt ist der See mit seinem
breiten Sandstrand mitten in der Stadt sehr
schön und bietet in jedem Fall Sommerspaß.

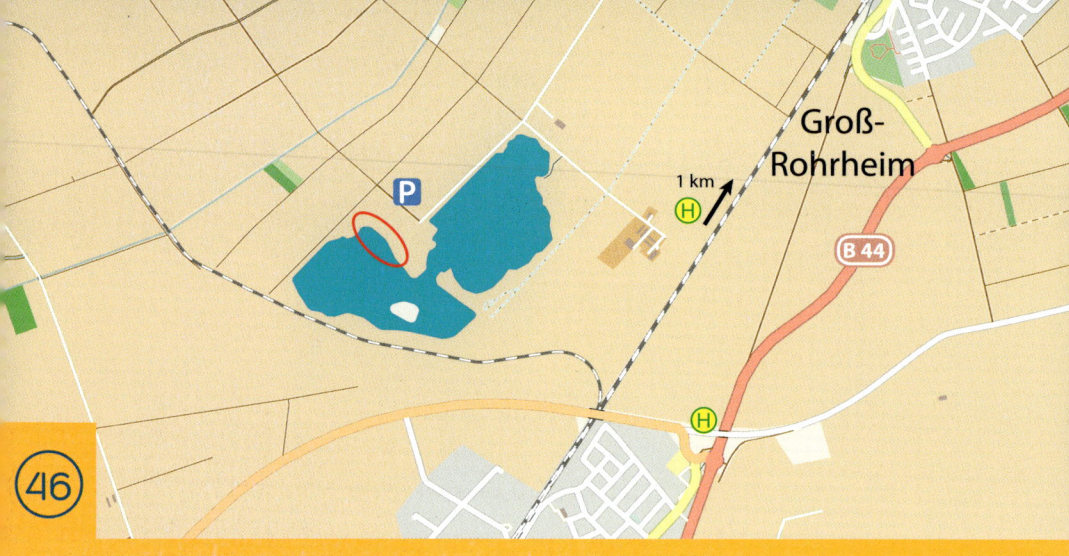

Groß-Rohrheim

1 km

B 44

46

 Auf eigene Gefahr

 –

 Am See, ca. 100 Parkplätze, Zufahrt am Wochenende per Schranke gesperrt

 Vorhanden, sehr wenige

 –

 Verboten

 –

 Verboten

 –

 Verboten

 –

 (Segeln, Surfen, Paddeln verboten)

 –

 Verboten

Baggersee Groß-Rohrheim (46)

➡ Speyerstraße, 68649 Groß-Rohrheim, Straße Richtung Kieswerk folgen, (49°42'14.4"N; 8°27'01.8"E)

Ⓗ RE, Groß-Rohrheim-Bahnhof, 3 Kilometer // Bus 645, 647, Groß-Rohrheim Bibliser Straße, 3 Kilometer

– *Sehr schöner Baggersee mit reichlich Platz für Badegäste*
– *Durch die fehlende Infrastruktur gibt es immer wieder Ärger durch Müllverschmutzung und die Parksituation*
– *Am Wochenende ist die Zufahrt wegen des Andrangs durch eine Schranke gesperrt*

Der Baggersee in Groß-Rohrheim bietet das seltener gewordene »echte« Baggersee-Gefühl, das viele Seegänger so lieben.

Am See wird noch aktiv gebaggert, und der Badegast kann entscheiden, ob er sein Plätzchen auf Sand oder auf der Wiesenfläche aufschlägt. Auch im Bereich des Kieswerks suchen sich immer wieder Sonnenhungrige ein abgeschiedenes Plätzchen. Dies sollte aus Sicherheitsgründen und Respekt vor den Betreibern unterlassen werden.

Allerdings ist eine etwas dickere, weichere Unterlage empfehlenswert. Viel Platz und gute Wasserqualität ergänzen das klassische Baggerseeflair. Leider gibt es keinerlei Infrastruktur, nicht einmal ein Mülleimer ist vorhanden. Dies sorgt immer wieder für Verschmutzung durch herumliegenden Müll und bringt dem See negative Schlagzeilen.

Die Zufahrt zum See wird am Wochenende durch eine Schranke gesperrt, wer über Schleichwege anfährt, wird aufgeschrieben und erhält einen Strafzettel. Auch an diesem See wäre ein Nutzungskonzept mit Parkgebühr, Mülleimern und Toilette sicherlich die bessere Alternative.

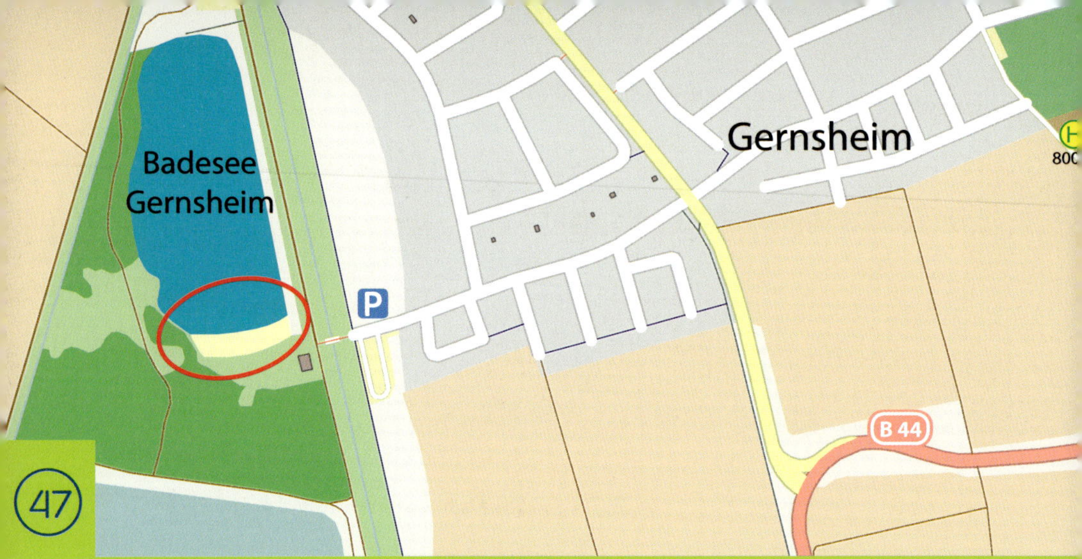

Gernsheim

Badesee Gernsheim

47

P

B 44

800

	Auf eigene Gefahr		Nur an stark besuchten Wochenenden und Feiertagen DLRG
	Kostenlos, ca. 60 Parkplätze		Vorhanden, ausreichend
	–		Verboten
	Befestigt, m/w		Verboten
	Stranddusche		Campingplatz
	Vorhanden		Beachvolleyball, Spielplatz, Schwimminsel (Segeln, Surfen, Paddeln verboten), Tischtennisplatte
	Kiosk		Verboten

Badesee Gernsheim (47)

→ Parkplatz neben: Burgunderstraße 10,
64579 Gernsheim
(49°44'32.8"N; 8°28'53.8"E)

(H) RE und RB, Gernsheim, 1,5 Kilometer

– *Flacher Wassereinstieg am Südufer, gut für*
Kinder geeignet
– *Ein kleiner, aber feiner See am Ortsrand*
– *Schön ist die Holzinsel mitten im See*

Am Rande von Gernsheim befindet sich
ein Badesee mit einem kleinen Strandabschnitt. Da er direkt neben dem Rad-
und Spazierweg liegt, eignet er sich für
Einheimische für einen Ausflug mit kurzer
Anfahrt.

Allerdings ist der See nicht ein solches
Highlight, dass man extra deswegen aus
weiteren Gefilden anreisen muss. Dennoch
sind am See nützliche Dinge vorhanden
wie Toiletten, Dusche und ein Kiosk. Somit
kann man hier durchaus erholsame Badeta-
ge verbringen. Vor allem, wenn man gerade dies schätzt.

Der Einstieg ins Wasser ist flach
und auch ein kleiner Spielplatz und das

Beachvolleyballfeld laden zu einem kosten-
losen Familienbadetag ein.

Auch in unmittelbarer Nähe des Sees
gibt es schöne Freizeitmöglichkeiten. Zum
Beispiel fährt bei Gernsheim die Rheinfähre
und direkt neben dem Baggersee in Gernsheim liegt ein separater Angel-See.

Der Badesee in Gernsheim ist eine ruhi-
ge Alternative an warmen Tagen.

Eicher See

Eich

Ge

 Auf eigene Gefahr (öffentliche Zugänge zum Gewässer Eicher See gibt es an mehreren Stellen am Falkenweg. Kein Strand)

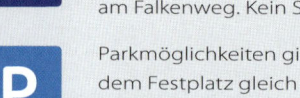 Parkmöglichkeiten gibt es auf dem Festplatz gleich von der K 47 aus kommend am Damm, Schwalbenweg

 –

Öffentlich an der »Kleinen Kneipe«, Rheinpromenade 46 und Restaurant »Zum Eicher See«, Eulenplatz

 –

 –

»Die kleine Kneipe«, Rheinpromenade 46 und Restaurant »Zum Eicher See«, Clubgaststätte Segelclub

 –

 Vorhanden, wenige

 Verboten

 Verboten

 Verboten

 Segeln, Surfen, Paddeln

Erlaubt

Eicher See Eich (48)

→ Eicher See-Eulenweg 1, 67575 Eich (49°45'40.8"N; 8°26'19.4"E)

(H) RE, Gernsheim, 3,5 Kilometer (mit Fähre) // Bus 432, Eich Gasthaus zur Sonne, 3 Kilometer

– *Kaum zugänglich, da komplett mit Wochenendrefugien inklusive Anlegestelle bebaut*
– *Der See ist eher für Bootfahrer geeignet, als Badesee weniger. Dennoch ist das Baden erlaubt*
– *Die Lage am Rhein macht den See reizvoll als Ausflugsziel*

Der Eicher See ist auch bekannt als das »Rheinhessische Meer«. Und in der Tat ist dieser große See mit Zugang zum Rhein ein bekannter Segel- und Wassersport-Hotspot. Regelmäßig finden hier Regatten statt und die Marina-Steganlage ist mit ihren 60 Metern Länge und 62 Metern Breite in unserer Region einen Blick wert.

Der zweite Spitzname des Eicher Sees ist die »Rheinhessische Badewanne«. Leider ist der See zum Baden nicht wirklich geeignet. Denn fast das ganze Ufer ist privat bebaut. Einen Zugang zum Wasser erreicht man durch das Mieten eines Ferienhäuschens oder aber am Falkenweg an einigen Zugängen ohne Strand.

Mit dem Rhein vor der Haustür, seinen Auenlandschaften und dem nahen Weingebiet ist der Eicher See ein schönes Ausflugs- und Urlaubsziel, das zu Wasser und zu Lande erreichbar ist. Somit ist der See vielleicht auch als Zwischenstopp eine Reise wert.

Altrheinsee

Eich

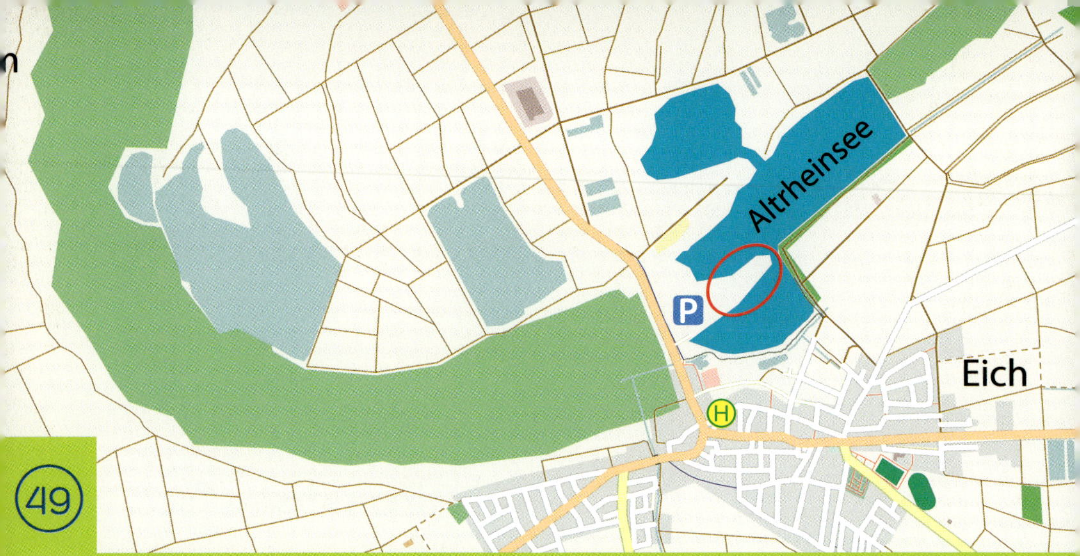

 Mai bis September auf eigene Gefahr

 –

 € 4,–, ca. 400 Parkplätze

 Vorhanden, wenige

 –

 Verboten

 Befestigt, m/w

 Verboten

 –

 Verboten

 –

 Spielplatz (nur Wippe und Rutsche) (Segeln, Surfen, Paddeln verboten)

 Kiosk-Container

 Am Badestrand verboten, gegenüber des Badestrandes erlaubt

Altrheinsee Eich (49)

→ Gegenüber Zufahrt zu Robert-Bun-
sen-Straße 13, 67575 Eich
(49°45'27.7"N; 8°23'56.4"E)

(H) Bhf. Alsheim, 6 Kilometer // Bus 432,
Eich Gasthaus Gutjahr, 1 Kilometer

– *Großer Sandstrand*
– *Schöner Natursee mit wenig Infrastruktur*
– *Der Strand kann das Parkplatz-Flair nicht
ganz abstreifen*
– *Ein wenig mehr Infrastruktur könnte den
See durchaus noch aufwerten*

Am Altrheinsee in Eich fühlt man das Flair
eines natürlich bewachsenen Baggersees,
an dem aber nicht mehr gebaggert wird.
Am Westufer ist der Badestrand wie ein ein-
ziger großer Sandkasten. Hier kann richtig
gebuddelt werden und man kann Sand-
burgen bauen.

Doch bitte denke an den Sonnenschutz, denn Schattenplätze sind rar. Und
Hundefreunde freuts: Auf der anderen Seite der Halbinsel ist der Vierbeiner willkommen. Allerdings gibt es hier keinen so schönen Einstieg ins Wasser.

Nur am Badestrand kann man ohne
große Hindernisse flach ins Wasser, ansonsten wird der See sehr schnell tief und es
kann zu Abbrüchen des Grundes kommen.

Der Zugang zum See kostet keinen
Eintritt, und wer mit dem Fahrrad kommt,
spart sich zudem die Parkgebühr von vier
Euro. Der Preis dafür ist die fehlende Badeaufsicht und die geringe Infrastruktur.
Insgesamt nicht das ganz große Highlight,
dafür nicht so überlaufen und naturbelas-
sener.

Gimbsheim

Alsheim

B 9

Pfarrwiesen-see

50

 Auf eigene Gefahr, 10–20 Uhr

 –

 10–19 Uhr, PKW € 3,–, Motorrad € 2,–, Wohnmobil € 4,–

 Nicht vorhanden

 –

 Verboten

 Am Kiosk, m/w

 Verboten

 –

 Verboten

 –

 (Segeln, Surfen, Paddeln verboten)

 Netter Kiosk mit ein paar Bierbänken

 Verboten

Pfarrwiesensee Gimbsheim ⓹⓪

→ Bei Zum Schwimmbad 1, 67578 Gimbsheim, Feldweg gegenüber Kirchgar-
tenstraße (49°46'25.4"N; 8°23'09.9"E)

Ⓗ RB, Guntersblum oder Alsfeld, 4 Kilometer // Bus 432, Gimbsheim Geflügelfarm,
0,6 Kilometer

– *Sanitäranlagen sehr spartanisch und mä-
ßig gut in Schuss*
– *Toller Sandstrand und klares Wasser*
– *Vorsicht bei der Anfahrt, da sich kurz davor
ein Schwimmbad befindet. Dieses ist sehr
gut besucht, und die Gäste und parkenden
Autos versperren teilweise den Weg zum
See*

Das Blau des Wassers verrät es: Ein aktiver Baggersee mit Badezone! Zwischen
Rhein und der B9 direkt bei der Ausfahrt
Gimbsheim liegt dieser Baggersee mit Badestrand. Die Wasserqualität ist besonders
gut, doch Obacht beim Baden: Es gibt keine
Badeaufsicht.

Anders als in Groß-Rohrheim hat man
hier eine Badezone mit Mülleimern, Kiosk und daran angeschlossenen Toiletten
geschaffen. So finden Besucher einen ge-
pflegteren Bereich als in Groß-Rohrheim
vor. Allerdings ist der Rest des Sees dem
Kieswerk vorbehalten, weshalb ein stren-
ges Segel- und Surfverbot herrscht. Am
Badestrand liegt man unter den Transport-
bändern des Kieswerks. Für echte Bagger-
see-Liebhaber ist dies aber eher ein Quali-
tätsmerkmal.

Sportmöglichkeiten sucht man vergebens. Im Sommer ist der See so gut besucht, dass die Parkplätze knapp werden.
Deshalb an heißen Tagen das Auto stehen
lassen, sich aufs Rad schwingen und das
Strandgefühl genießen!

Heidelberg für Groß und Klein

Kimberley Hoffman

Heidelberg wimmelt

Heidelberg gilt als eine der schönsten Städte Deutschlands. Kleine und große Leser können das malerische Heidelberg in lustigen Bildern gemeinsam entdecken. Und das zusammen mit den Kornmäusen sowie dem Hofzwerg Perkeo und seinem Begleiter Thustu, dem Brückenaffen, die für jeden Streich zu haben sind. Ein Riesenspaß für Einheimische und Besucher der Stadt.

12 Seiten, Pappbilderbuch.
ISBN 978-3-8425-2006-6

Arndt Spieth

Kreuz und quer durch Heidelberg
Paradiesische Spaziergänge

In diesem handlichen Stadtführer werden zehn wunderschöne Spaziergänge in und um die »Hauptstadt der Romantik« beschrieben. Diese führen zu den touristischen Highlights ebenso wie zu den weniger bekannten Ecken und Vierteln, die fernab der ausgetretenen Touristenpfade liegen. Alle Touren sind präzise beschrieben und mit detaillierten Karten versehen.

192 Seiten, 168 Farbfotografien und Karten, Flexicover.
ISBN 978-3-8425-1260-3

www.silberburg.de

Auf in die Kurpfalz

Wenn's richtig heiß ist ...